二十几岁谋发展，你必须懂点说话技巧

向宇◎著

文化发展出版社
Cultural Development Press
·北 京·

图书在版编目（CIP）数据

二十几岁谋发展，你必须懂点说话技巧 / 向宇著 .—北京 ：文化发展出版社，2025. 1. — ISBN 978-7-5142-4578-3

Ⅰ . H019-49

中国国家版本馆 CIP 数据核字第 2024ET6895 号

二十几岁谋发展，你必须懂点说话技巧

著　　者：向　宇

责任编辑：孙豆豆　　责任印制：杨　骏

特约编辑：滕龙江　　责任校对：岳智勇

封面设计：周　飞

出版发行：文化发展出版社（北京市翠微路 2 号　邮编：100036）

网　　址：www.wenhuafazhan.com

经　　销：全国新华书店

印　　刷：永清县晔盛亚胶印有限公司

开　　本：880 mm×1230mm　1/32

字　　数：186 千字

印　　张：7

版　　次：2025 年 1 月第 1 版

印　　次：2025 年 1 月第 1 次印刷

定　　价：45.00 元

ISBN：978-7-5142-4578-3

前　言

著名散文家朱自清先生说过：“人生不外言动，除了动就只有言，所谓人情世故，一半儿是在说话里。”可见，说话在生活中的重要性。一个人说话水平的高低，已经成为其生活及事业能否取得成功的关键因素。说话这件事，可不是小事。很多人拥有出众的才华和迷人的外貌，之所以没能够在事业上取得成功，很大程度上是因为他们缺乏能说会道的能力。

在当今这个快速发展的时代，无论是在生活中还是在工作中，说话的能力都是十分重要的。从应酬到闲聊，从谈判到说服，从交友到职业发展，处处都需要良好的沟通技巧。会说话的人能够建立良好的人际关系，使自己赢得主动，轻松达到预期的目的；而不会说话的人往往不能与人进行有效的沟通，容易错失良机，甚至可能将原本有利的局面搞得一团糟，难以出人头地。

美国人类行为学家汤姆士曾说：“说话的能力是成名的捷径，它能使人脱颖而出，备受尊敬和爱戴，获得他人的拥护。这种能力还能使个人的才华得到充分的发挥，使其表现更加出色，成就显著。”他甚至断言：“发生在成功人物身上的奇迹，有一半是由他们的口才创造的。”可以说，会说话的人更能在社会上立足，取得更多的成就。

说话看似简单，实则不然。人们创造了“口无遮拦”“胡言乱语”“口不择言”等词语来形容不当的说话方式，而这些轻率的“说”，往往会成为成功的绊脚石。所以，说话不仅仅要能说，更要会说。会说，能让你获得好人缘；会说，能让你赢得财富；会说，能让你获得更大的成功。总之，会说才会赢，会说能够让你赢得更多机会，有助于你打造更成功的人生。

说话是一门学问，也是一门艺术，更是一种技巧。只有悟透说话之道，掌握说话的艺术，我们才能在社会、职场、家庭中左右逢源、游刃有余，加快成功的步伐，赢得无悔的人生。

本书是一本口才宝典，立足于培养人们多方面的说话能力，全面提升说话的水平，帮助不会说话的人提高说话的技巧，成为一个能言善辩的人，在人生中找到属于自己的成功和幸福。从今天开始，学习本书中的话术，你也将成为说话高手。

目　录

第一章　言之有礼，给人留下良好的印象

第二章　美言暖心，这样赞美更易让人心动

第三章　愉悦人心，幽默风趣的人走到哪里都受欢迎

第四章　有效说服，世界都听你的

第五章　曲径通幽，有些话最好绕弯子说

第六章　左右逢源，跟任何人都聊得来

第七章　搞定上司，学会和领导说话

第八章　驾驭下属，领导能力就是说话能力

第九章　妙语生财，把话说到客户的心里

第十章　把握尺度，拿捏好说话的分寸

第一章

言之有礼，
给人留下良好的印象

以礼待人，言行要有礼貌

礼貌是人际交往中不可或缺的基本素质，它不仅能体现出对他人的尊重，也是双方愉快交谈的基础。在越来越文明的现代社会，人们对礼貌有着敏锐的感知。在日常生活中，即使是简单的“您”“请”“谢谢”等字眼，都能够给他人以温暖和亲切感。正如列宁所说：“礼貌是数百年来人们所熟知的，数千年来在所有处世格言中反复谈到的基本公共生活原则。”因此，我们必须培养出礼貌待人的好习惯。

一天，两位年轻人去某村庄进行考察，遇到了一个三岔路口，不知该走哪条路。恰巧，一位老人迎面走来。其中一位年轻人非常傲慢地喊道：“嗨，问你一下，去×庄怎么走？”老人环顾四周，没有搭理他，继续往前走。这位年轻人见老人不搭理自己，又大声喊道：“哎，跟你说话呢，怎么不搭理人呢？什么素质！”老人听到这话后非常气愤，加快步伐前进。

另一位年轻人追上去，非常有礼貌地说：“老人家，您好，我是××大学的学生，我们想去×庄，但在这里迷路了，不知道走哪条道到那个村庄比较近些，您能帮助我们吗？非常感谢。”老人停下脚步，看着这位有礼貌、懂事的年轻人，内心的怒火得以平息，微笑着对他说：“小伙子，你非常有礼貌，态度真诚，我很喜欢与你说话。你从中间这条路走，直行大概走上1000米就到了那个村庄。”正说着，刚才那位年轻人也走了过来，不好意思地对老人说：“老人家，我刚才有些失礼，非常抱歉。”

老人见这位小伙子主动承认了错误，非常开心地说：

“要不这样吧，我带你们去那个村庄，正巧我也要去那儿办点事，走吧。”说完，老人带着两位年轻人走了捷径，一同前往那个村庄。

歌德曾说：“一个人的礼貌是一面照出其肖像的镜子。”一个人是否有礼貌，绝不是无足轻重的小事，它反映出一个人的道德修养。拥有礼貌，我们就拥有了与人交往的亲和力。

礼貌是通过语言或行动表现出的对他人的尊敬，它反映了一个人的道德品质和文化教养，是内在美的体现。有位名人说：“生活中最重要的是有礼貌，它比最高的智慧、比一切学识都重要。”在生活中，有些人相貌并不美，但很讨人喜欢，一个重要的原因就是他们待人温和有礼，说话文明和气，举止端庄大方，使人愿意亲近。

《诗经》说：“谦谦君子，赐我百朋。”懂礼貌的人容易获得更多的朋友。礼貌待人可以在人和人之间架起理解的桥梁，减少矛盾。文雅、和气、宽容的语言，不但沟通人们的心灵，而且反映了一个人的思想和文化修养。正如俗话说：“礼到人心暖，无礼讨人嫌。”人们常将一个人是否彬彬有礼作为衡量其社会地位和受教育程度的标准。

王凯教授是某高校的在职教授。一天，他正在办公室备课时，有人敲门，他习惯性地说了声“请进”。抬头一看，是一位女生，但是他并不认识，他想她也许是来找别的老师的。但是，那位女生四下看了看，并没有确认自己要找的人，张口就说道：“王凯呢？”

这话一出，办公室里的人都愣了一下，目光都转向了王凯。王凯心里也很纳闷，在学校这么多年，还没有人直接叫过他的名字。他脸色略有变化，但还是有礼貌地对她说：“我就是，找我有什么事吗？”

那位女生漫不经心地说：“噢，你就是王凯呀，我早就听说过你了。我是某某教授的学生，你给我看一下我的论文！”

当时有规定，论文答辩时要请一位校外的专家进行指导。这位女生是外校的学生，来找王凯教授给自己批阅论文。

王凯教授是个有涵养的人，看到这个学生这么没礼貌，并没有发火，只是平静地说道：“那你就把论文放在这里吧！”

女生把自己的论文往王凯教授的桌子上一扔，说：“你快点看呀！我们后天就要进行论文答辩，你可别耽误我的事！”

王凯教授终于忍无可忍，说：“请问你是来找人办事还是来下达命令的？请把你的论文拿走，我没有时间给你看！”

找人办事时，应展现出应有的礼貌和谦卑，这样他人才会愿意帮助你。生活中有很多这样的例子：仅仅因为一个小小的礼貌疏忽，自己的形象就在他人的心中大打折扣。相反，一个有礼貌的人很容易得到他人的认可、接受，所以，在和他人交往的时候，我们要注意自己的言行举止，确保它们都体现出礼貌。

勇于认错，真诚道歉

俗话说：“人有失手，马有漏蹄。”每个人都可能犯错，在与人交往时，言行出现错误更是难以避免。如果你的言行给他人带来了精神上的痛苦和经济上的损失，你就应及时地向对方承认错误并真心道歉，以求得对方的谅解和宽恕。无数事实表明，道歉是一种很重要的交际手段，能有效化解人际关系中的各种矛盾，消除隔阂。

周华是某电视台的记者。有一次为了采访，他托一位朋友代办一个很复杂的手续。

周华好不容易备妥了各项文件，送去给那位朋友。可是，他刚回到单位，就接到电话，被告知少了一份文件。

“我刚刚已经将文件放在信封里交给您了！”周华说。

“没有！我没看到！”对方斩钉截铁地回答。

周华立刻赶到那位朋友的办公室，当面告诉那人他确实细细点过。

那人拿起信封，清空又查了下，说：“没有！”

“我以人格担保，我装了！”周华大声说。

“我也以人格担保，我没收到！”那个人也大声吼回来。

“你找找看，一定掉在了什么地方！”周华吼得更大声。

“我早找了，我没那么糊涂，你一定没给我。”那个人也吼得更响。

眼看采访在即，周华气呼呼地赶回单位，重新去“求爷爷、告奶奶”地办理那份文件。就在办理的时候，他突然接到了那位朋友的电话。

“对不起！是我不对。不小心把你的文件夹在别人的文件里了，我错怪你了……”那位朋友说。

周华怔住了，他甚至忘记了是怎么挂断那个电话的。

周华说，虽然那件事是他朋友的错，可是他十分敬佩朋友敢于承认错误的勇气。

美国公关专家苏珊·亚各贝曾说：“学会道歉是一个重要的社会技能，真诚的道歉能够让人们感受到人与人之间最美好的情感。”所以，我们必须要学会道歉。如果我们每个人都能在犯错后及时承认并道歉，不必要的矛盾、纠纷就会大大减少，整个社会的人际关系将变得更加和谐。

托尔斯泰和屠格涅夫都是俄国的大文豪，并且是好朋友。1861年，屠格涅夫完成了《父与子》的手稿，邀请托尔斯泰到自己家中，请他先看手稿并提出意见。在聚会中，屠格涅夫对其女儿的家庭教师大加称赞，因为她教导女儿为穷人缝补衣服、在慈善事业上捐款以及为穷人做好事。然而，托尔斯泰对此很不以为然，并进行了讽刺。这使得屠格涅夫非常愤怒，他大声咆哮："这么说，是我把女儿教坏了？"托尔斯泰也不甘示弱，两人大吵了一架，从此不再往来。

应该说，这两位大文豪的断交，托尔斯泰是有责任的，他比屠格涅夫年轻10岁，却未能给予屠格涅夫足够的尊重。可惜，托尔斯泰一直没有勇气承认错误，导致两人的关系一直没有修复。17年后，托尔斯泰终于主动写信向屠格涅夫道歉："伊凡·谢尔盖耶维奇！最近我想起了我们之间的关系，我又惊又喜。我对您没有任何敌意，但愿您也这样。我知道您是善良的，我确信您对我的敌意早已消失——请您永远原谅我的一切，在您面前，我是有错的。"

屠格涅夫很快回信："收到您的信我深受感动，我对您没有任何敌意，如果说过去有过，那么现在也已消除——只剩下对您的怀念。"真诚的道歉换来了真正的谅解，他们的矛盾很快消除了，两人恢复了旧日的友谊。

道歉不但可以修补破裂的关系，还可以化解矛盾，增进人与人之间的感情，因此，道歉可谓是一种高明的修复剂。

知错能改，敢于道歉，能赢得别人的尊重。本杰明·迪斯雷利曾说："世上最难的一件事便是承认自己的错误。要解决这个难题，除了坦白承认错误，没有更好的办法。"倘若你发现自己错了，却不及时向他人道歉，甚至千方百计找借口为自己辩解，这样只会让事情变得更糟。你不仅得不到他人的谅解，反而可能受到道德上的谴责和人格、形象上的损害，甚至激化你和他人之间的矛盾，让你成为众矢之的。因此，任何人都不应忽视道歉的重要性。那么，究竟该如何道歉呢？

1. 陈述失误的原因

当你犯了错误的时候，首先要坦率地承认错误并真诚地道歉，使对方的怒气渐渐平息下来。然后，从主、客观两个方面，向对方解释自己失误的原因，述说自己的难处。在大多数情况下，对方都会理解你的苦衷，谅解你的过错。

2. 道歉要抓住时机

道歉要善于把握适当的时机，最好选择在对方心平气和或有喜事临门等心情较好的时候。这些时候，对方更容易接受你的道歉。当然，道歉应尽早进行，不宜拖延。拖延不仅使道歉变得困难，还可能会让对方怀疑你的诚意，从而影响道歉的效果。

3. 道歉要有诚意

道歉时，只有态度诚恳，人们才会接受。如果你的道歉是迫不得已，且态度敷衍，那么道歉就不会取得预期的效果。所以，在向对方表示歉意时，必须要有诚意。即使道了歉，对方可能仍有怒气或怨气，这时，你要耐心倾听对方的诉说，让对方发泄内心的不满。从不满到谅解是一个过程，切不可操之过急。如果你耐不住性子地说："我都道歉了，他（她）还没完没了，那就是他（她）活该！"这样做不仅会前功尽弃，还可能激化矛盾。

记住，道歉不是一件难堪的事，也不是一件丢脸的事，真诚的道歉实际上是一个明智之举，它不仅会使你获得他人真诚的谅解，赢得赞许的目光，还会感受到人间最美好的情感！

谦虚有道，谈吐有礼

人们常说："天不言自高，地不言自厚。"自己有无本事，本事有多大，别人都看得见，用不着自己去吹嘘。古今中外的那些先哲伟人，即使取得了令人瞩目的成绩，也绝少有人因为自己具有足够的资本而狂妄，相反，他们大多是自知而谦虚的。

谦虚之所以受到尊崇，因为它是做人的美德及事业成功的法宝。如果我们每个人都能学习谦虚的说话风格与态度，那么我们就容易得到好人缘，而且在前进的路上，能避开许多言语不当而造成的阻碍。

有一次，马云参加了一个地方与行业的网站峰会。在大会上，有人向马云提问："阿里巴巴淘宝和淘宝客给我们站长分了很多钱，我们要感谢马总，感谢阿里。我不太知道马总是不是第一次参加这样的站长会议，我想问的第一个问题是，马总对我们地方网站站长有什么看法？"

马云答道："首先，你感谢我，我受宠若惊。我真心地感谢这些站长们。在竞争初期，没有小网站和站长们的支持，阿里巴巴就难以生存。现在淘宝大了，我们应该做一些思考。所有的成就不是我个人所为，而是淘宝客和阿里巴巴所有工程师共同努力的结果。而且，现在阿里巴巴的发展也超出了我的能力范围。很多人在网上表扬我，问我为什么如此厉害，但实际上我不太懂互联网。不久前在支付宝的会议上，我发现自己在两天内都听不懂他们在说什么，心里很慌。如果两年之前我知道会这么复杂的话，可能就不会做支付宝了。无知者无畏，技术如此的复杂，我只是坐在那里认真地观察、倾听，看我们的工作有没有违背我们的使命和价值观，有没有违背我们对客户的承诺。”

这就是说话谦虚的马云。面对提问者的问题，马云并没有丝毫傲气，而是十分坦诚地将功劳全部推给了自己的员工，将员工的功劳摆放在了第一位。马云不仅为自己赢得了良好的声誉，也让员工们佩服。

古语云：“满招损，谦受益。”谦虚是增进人与人之间感情的催化剂，谦虚并不意味着贬低自己，而是用另一种更好的方式表达自己。

说话谦虚的人常常给人留下有礼貌、有教养、有深度的印象。面对陌生人时，飞扬跋扈会让人退避三舍。而谦逊得体、不卑不亢的言谈举止能够充分展现自己的涵养和平易近人的性格，为对方带来亲切随和的感受，消除其胆怯、羞涩的心理；此外还能给其以较大的自由度和自信心，鼓励其大胆积极地将交谈展开、深入。

李相是唐代的大将军，曾担任大居守（高级武官）。他博览群书，学识渊博，受到当时和后世人们的赞扬。

李相最喜欢读《春秋》。不论公务怎样繁忙，他每天都坚持读一卷，终年不懈。在阅读时，李相曾将《春秋》中鲁国大夫叔孙婼名字中的的“婼”误读作“ruò”。他手下有个小吏站在他旁边侍读，每当他读错时，小吏的脸上就有异样表情，不太好看。李相发现了这个情况，感到很奇怪，便问小吏：“你常读《春秋》吗？”小吏恭敬地回答：“是的。”李相严肃地问：“为什么每当我读到‘叔孙婼’时，你就表现出不以为然的样子？”

小吏见长官如此严肃，以为在责怪自己，连忙躬身回答：“小人过去曾蒙老师教过《春秋》，听将军将‘婼’读作‘ruò’，方才明白过去按照老师所教将它读成‘chuò’是大错了。”李相听小吏说是老师读错了，不由暗自生疑，便说："恐怕不是你老师的错吧？我没拜过师，这个字是照本朝陆德明的《经典释文》中的注音读的，一定是我读错了，而不是你读错了。"说完，他从书架上取出《经典释文》，让小吏看。小吏一看，才明白李相将字的字形看错了，于是他委婉地指出正确的读音应是"chuò"，而不是"ruò"。

李相听了，顿时感到脸上发热。他身为高官，日读《春秋》，却多次读错字而不自知，这让他感到十分惭愧。尽管如此，他还是放下身段，走下座位，将太师椅放在北墙边，请小吏坐下。

小吏不敢坐："这是将军的金座，小人岂敢逾越礼节！"李相将小吏按在座椅上："不许动，不然我要生气了！"小吏不敢违抗，局促不安，十分尴尬。李相站在南面，整了整衣冠，然后面朝北，向坐在太师椅上的小吏躬身下拜。小吏想要离座，李相喊道："不许动！"小吏只好坐在椅子上，接受了他的大礼。

行过礼后，李相诚恳地说："我身居高位，却常常读错字，实在惭愧。从今往后，你就是我的'一字师'，如果我再读错字，请你一定要给我指出来，千万不要客气啊！"小吏见李相身为高官，却能如此虚怀若谷，不耻下问，深受感动。

谦虚是一种高尚的品德，往往成就越大的人说话越谦虚。

人们都喜欢说话态度谦虚和善的人，讨厌态度傲慢、高人一等的人。不应目空一切、自以为是，而应适当地使用敬语，请人评判自己的观点，这是态度谦虚的主要方面，也是基本要求，做到的人，会更容易赢得别人的支持。

会说“谢谢”的人得人心

有这样一个小故事：

有两个人同时去见上帝，问上帝去天堂的路怎么走。上帝见他们饥饿难忍，就先给了每个人一份食物。

一个人接过食物，真诚地说了一声“谢谢”；另一个人则无动于衷，好像这是他应得的。随后，上帝只让那个说“谢谢”的人进入了天堂，而另一个人则被拒之门外。

站在天堂外的人不服气：“我不就是忘了说‘谢谢’吗？”

上帝说：“你说不出感谢的话，不是因为忘了，而是因为你没有感恩的心。不懂得感恩的人，不知道去爱别人，也得不到别人的爱。”

那个人仍然愤愤不平：“少说一句‘谢谢’，差别就这么大吗？”

上帝又说：“是啊。因为通往天堂的路是由感恩的心铺成的，天堂的门也只有用感恩的心才能打开；而下地狱则不用！”

的确，天堂与地狱仅一线之隔，关键是看你是否懂得感恩。生活中也是如此。在人生旅途中，每个人都可能会获得他人的帮助，你是否认为这些帮助是理所当然的呢？在接受了别人的帮助之后，你是否记得说一声“谢谢”呢？

在接受他人帮助时，道一声感谢，不仅是对他人文明之举的肯定，同时也体现了一个人的教养。

某高校的一批应届毕业生在导师的带领下，到北京某实验室参观实习。他们坐在会议室里，等待实验室的王科长到来。这时，一位实验室的服务人员进来给大家倒水，很多同学表情漠然地看着她忙碌，其中一个甚至问道："有矿泉水吗？今天太热了。"

服务人员回答说："真抱歉，刚刚用完。"

学生们立刻发出了抱怨声。

当服务员给一个叫潘杰的学生倒水时，潘杰轻声地说："谢谢，大热天的，辛苦了。"

服务人员抬头看了他一眼，眼中充满了惊讶，因为这是她从开始倒水直到那时为止听到的唯一一句感谢的话。

这时候，王科长走进来和大家打招呼。可能因为大家已经等得不耐烦了，竟没有一个人回应，王科长也感到有点尴尬。潘杰左右看了看，犹豫了一下，然后轻轻地鼓了几下掌，同学们这才稀稀拉拉地跟着鼓起掌来。

王科长挥了挥手说："欢迎同学们到这里来参观。平时这些接待工作一般都是由办公室负责，因为我和你们的导师是老同学，关系非常要好，所以这次我亲自来给大家讲一些相关的情况。我看同学们好像都没有带笔记本。这样吧，秘书，请你去拿一些我们实验室印制的纪念手册，送给同学们留作纪念。"

接下来，更尴尬的事情发生了。大家坐在那里，一个个很随意地用一只手接过王科长双手递过来的纪念手册。

王科长的脸色越来越难看，他走到潘杰面前时，已经快要失去耐心了。

就在这时，潘杰礼貌地站起身，身体微倾，双手接过纪念手册，恭恭敬敬地说了一声：“谢谢您！”

王科长听到这话，眼睛不由一亮，用手拍了拍潘杰的肩膀：“你叫什么名字？”

潘杰很礼貌地回答了自己的姓名，王科长点头微笑，然后回到了自己的座位上。

早已感到尴尬的导师看到此情景，才稍微松了一口气。

两个月后，在毕业生的去向表上，潘杰的去向栏里赫然写着这个实验室的名字。有几位颇感不满的同学找到导师问：“潘杰的学习成绩最多算是中等，凭什么选他而没选我们？”

导师看了看这些年轻气傲学生，笑着说道：“潘杰是人家实验室点名来要的。其实，你们的机会是完全一样的，甚至你们的成绩还比潘杰好。但是除了学习之外，你们需要学的东西还有很多，礼貌便是其中重要的一课。”

对于他人的给予和帮助，真诚地说一句“谢谢”，这不仅是感谢他人的方式，更是促进人际关系和谐的礼仪。一句“谢谢”，是对他人额外付出的一种肯定，是对他人努力的一种鼓励，更是对他人劳动成果的一种最起码的尊重。尽管“谢谢”只是一个简简单单的词语，却足以让对方内心感到温暖，体现你的真诚。所以，我们要时刻怀有感恩之心，学会道谢，并让道谢成为一种习惯。

“谢谢”是一种礼貌、一种习惯。说“谢谢”，反映了一个人的态度：感恩、谦卑。对帮助过你的人表示感谢，会让对方很受用，从而拉近你和对方之间的距离。

学会说声“谢谢”，其实并不难，不要觉得难为情，也不要觉得“谢谢”起不了什么作用。学会说“谢谢”，将会成为你人生道路上的“润滑剂”，能够减少人际间的摩擦，促进人际关系的融洽，对成就事业大有裨益。所以，对于任何人给予自己的，哪怕是再微不足道的帮助和关怀，也不要忘记说声“谢谢”。

倾听是对他人的尊敬

生活中，很多人之所以不讨人喜欢，不能给人留下良好的印象，是因为他们不能耐心地做一个很好的听众。心理学研究表明，越是善于倾听的人，与他人的关系就越融洽。

韦恩是罗宾见过的最受欢迎的人士之一。他总能受到邀请，请他参加聚会、共进午餐、担任发言人、打高尔夫球或网球等。

一天晚上，罗宾到一个朋友家参加一次小型社交活动。他发现韦恩和一个漂亮女孩坐在一个角落里。出于好奇，罗宾远远地观察了一段时间。罗宾发现那位年轻女士一直在说话，而韦恩好像一句话也没说。他只是偶尔笑一笑，点点头，仅此而已。几小时后，他们起身，向男女主人表示感谢后离开了。

第二天，罗宾见到韦恩时忍不住问道：“昨天晚上我在斯旺森家看见你和最迷人的女孩在一起。她好像完全被你吸引住了。你是怎么抓住她的注意力的？”

“很简单。”韦恩说，“斯旺森太太把乔安介绍给我，我只对她说：‘你的皮肤晒得真漂亮，在冬季也能保持得这么好，是怎么做到的？你去了哪里呢？阿卡普尔科还是夏威夷？’”

“‘夏威夷。’她说，‘夏威夷总是风景如画。’

“‘你能告诉我更多吗？’我说。

“‘当然。’她回答。我们就找了个安静的角落，接下来的两个小时她一直在谈夏威夷。”

“今天早晨乔安打电话给我，说她很喜欢我陪她。她说很想再见到我，因为我是最有意思的谈话伙伴。但说实话，我整个晚上没说几句话。”

看出韦恩受欢迎的秘诀了吗？很简单，韦恩只是让乔安谈自己。他对每个人都这样——“请告诉我这一切。”这足以让一般人激动好几个小时。人们喜欢韦恩，就因为他关注他们。

专注而认真地倾听别人谈话，向对方展示你的友好和兴趣，这样做的最大价值就是能够赢得人心，使双方情感相通、患难与共，增强双方信任感。

倾听是人际交往中一项很重要的制胜法宝。教育家卡耐基说：“做一个听众往往比做一个演讲者更重要。专心听他人讲话，是我们给予他们的最大尊重、呵护和赞美。”一个在人群中滔滔不绝的人或许很容易得到大家的尊敬和钦佩，但是一个懂得倾听并善于鼓励他人的人，能更容易得到他人的好感和信任。在谈话过程中，你若耐心倾听对方谈话，等于告诉对方“你说的内容很有价值”或“你值得我结交”。同时，这也使对方的自尊得到了满足。由此，说者对听者的感情也进一步加深，“他能理解我”“他真的成了我的知己”。于是，两人心灵的距离缩短了，只要时机成熟，两个人就能谈得来。所以，在交往中我们一定要学会倾听，因为倾听是心灵沟通的桥梁。

国外有句谚语：“用十秒钟的时间讲，用十分钟的时间听。”世上许多人不能给人留下良好的印象，正是因为他们不能耐心地做一个很好的听众。著名记者迈克逊说：“不肯留神去听别人说话，是一个人不受欢迎的原因之一。通常，他们只关心自己接下来该怎么说，根本不管别人要说什么。要知道，世界上大多数人喜欢乐于倾听的人，很少有人喜欢那些不停地说自己事情的人。”每个人都认为自己的声音是最重要的、最动听的，并且每个人都有迫切表达自己的愿望。在这种情况下，友善的倾听者自然成为最受欢迎的人。

善于倾听是人际交往中不可或缺的素质之一，是人与人之间交往的一个必要前提。学会倾听能正确、完整地获取自己所要的信息，而且还会给人留下认真、踏实、尊重他人的印象。一个时时带着耳朵的人远比一个只长着嘴巴的人更讨人喜欢。与人沟通时，如果只顾自己喋喋不休，根本不管对方是否有兴趣听，是很不礼貌的行为，也极易让人产生反感。

乔·吉拉德被誉为当今世界最伟大的推销员，回忆往事时，他常念叨如下一则令其终生难忘的故事。

在一次推销过程中，乔·吉拉德与客户洽谈顺利，眼看就要签约成交，然而对方突然变了卦，即将到手的订单飞了。当天晚上，根据顾客留下的地址，乔·吉拉德找上门去求教。客户见他满脸真诚，就实话实说：“你之所以失败，是因为你没有自始至终认真听我说话。就在我准备签约之前，我提到了我的独生子即将上大学，而且还提到了他的运动成绩和他未来的抱负。我是以他为荣的，但是你当时却没有任何反应，甚至还转过身去用手机和别人讲电话，我一气之下就改变了主意！”

这番话深深触动了乔·吉拉德，使他领悟到“听”的重要性，让他认识到如果不能自始至终倾听对方的话语，认同顾客的心理感受，就很可能会失去顾客。

俗话说："善言，能赢得听众；善听，才能赢得信任。"倾听如金，我们需要学会倾听，让倾听成为一种习惯，这也正是上天赋予我们两只耳朵、一张嘴巴的用意所在。让我们养成倾听的习惯，做一名倾听者，从"听"中展现教养、责任、诚意、信任，"听"出人类更加和谐美好的未来。

倾听并不只是简单地听，还要带有真诚并适时地表达自己的认同或赞扬，避免做其他的事情，以免给人留下敷衍的印象。

追求语言之美，摒弃不良的说话习惯

哈佛大学前校长艾略特说过："在造就一个有教养的人的教育中，有一种训练是必不可少的，那就是优美而文雅的谈吐。"优雅的谈吐在社会交往中占据着很重要的地位，因为语言是人们交流思想的工具，人们的交往时时刻刻都离不开这个工具。

优雅的谈吐是一种艺术，也是一种美。那些能言善辩、应答如流的人，展现了非凡的口才；那些音质优美、言谈娓娓动听的人，容易给人一种美感，使人乐于和他们交往。反而言之，那些口拙舌笨、结结巴巴、词不达意、语无伦次的人；或者说话带有浓重地方口音，半土不洋、声音嘶哑刺耳的人，往往使人感到不悦，不愿意与他们接近。所以，我们一定要改掉不良的说话习惯，特别注意说话得体，追求语言之美。

1. 说话用鼻音

用鼻音说话是一种常见且影响极坏的习惯。当你使用鼻腔发声时，就会产生鼻音。在电影里，鼻音是一种表演技巧，如果演员扮演的是一个喜欢抱怨、脾气不好的角色，他们往往会使用鼻音说话。如果你说话带有鼻音，这种声音对女性的影响比对男性更大，你不可能见到一个不断发出鼻音却仍然迷人的女性。如果你期望自己在他人面前具有极大的说服力，或者能够吸引他人的注意，那么你最好不要使用鼻音，而应使用胸腔发音。正确的方法是，说话时上下齿之间最好保持半寸的距离。

2. 声音尖锐

当一个人受到惊吓或大发脾气时，往往会提高嗓门，发出刺耳的尖叫。这种情况通常在女性中更加常见，要多加注意。因为尖锐的声音比沉闷的鼻音更加刺耳。你可以用镜子检查自己是否有这一缺点：在身体处于高度紧张状态时，脖子是否感到紧张？血管和肌肉是否像绳索一样凸出？下颚附近的肌肉是否看起来明显紧张？如果出现上述情况，你可能发出刺耳的尖叫声。这时你就要当机立断，尽快让自己松弛下来，同时压低自己的嗓门。

3. 说无意义的话

无意义的话充斥在讲话中，会使讲话显得不连贯，说话的人显得犹豫不决。在短暂的停顿时间里，任何用来填补空白的絮叨话，都算是无意义的话，这些话会让听众分散注意力。

4. 口头禅过多

在日常生活中，人们常听到如“那个”“你知道不”“是不是”“对不对”“嗯”等口头禅。如果一个人在说话时不断重复使用这些词语，一定会损害自己的形象。口头禅的种类繁多，即使是一些伟大的政治家在电视访谈中也可能会出现这种问题。当然，谈话中“啊”“呃”等词语过多也是一种口头禅的表现，著名演说家奥利弗·霍姆斯说：“切勿在谈话中散布那些可怕的‘呃’音。”不妨将自己打电话时的声音录下来，听听自己是否有一些口头禅。一旦弄清了自己的问题，那么在与人讲话时就要时时提醒自己注意。

5. 讲粗话

讲粗话是一种不良的说话习惯。俗话说："习惯成自然。"任何事情，只要养成习惯，就会自然地发生。讲粗话也是如此。当一个人养成了讲粗话的习惯，他常常会在不经意间说出不雅的话，而自己却察觉不到。讲粗话是一种坏习惯，是极不文明的表现，但要克服这种习惯也并不是一件易事。比较有效的办法是，找出自己最常讲的粗话，集中力量先改掉它。首先，改变讲话的节奏，在每句话末尾停顿一下；其次，在讲话前提醒自己，改变原有的条件反射。一旦改掉了出现频率最高的粗话，克服其他粗话也就不难了。

6. 手脚动作过多

手脚动作过多，即在说话时动作过于频繁。可以自我检查一下，看看自己是否在说话时不断出现以下动作：坐立不安、皱眉、扬眉、歪嘴、拉耳朵、摸下巴、搔头皮、转动铅笔、拉领带、玩手指、抖腿等。这些都是一些影响你说话效果的不良习惯。如果你在说话时动作过于频繁，听者就会被这些动作吸引，而忽视讲话的内容。

7. 咬字不清

有些人在谈话中，常常会将一些字句含糊不清，让人听不清楚或者产生误解。所以，不说则已，只要开口，就最好将每一个字清晰准确地说出来。

8. 过于夸张

有些人喜欢用夸张的语言去强调事物的特性，以引起别人的注意。"这个意见非常重要。""这本书写得非常精彩。""这是一部非常伟大的戏剧。""这种做法是极端危险的。""这个女人的美丽简直无法用言语来形容。”……当夸张的表达使用过多时，别人会对你所夸大的词汇大打折扣，这会使你语言的威信大大降低了。

9. 逻辑混乱

在叙述事理的时候，最重要的是层次清晰、条理分明。所以，在交谈之前，必须先在脑海中将所要讲的事情进行整理，分成几个清楚明确的部分，并摒除一些不太重要的细节。不然的话，说起话来就会拖拉和混乱。特别是当一个人叙述自己亲身经历的时候，更容易因为过于激动，恨不得将所见所闻全盘托出，结果却让人听起来非常吃力。

10. 矫揉造作

矫揉造作有多种形式的表现，有些人喜欢在交谈中加进几句英文或法文；有些人喜欢在谈话中加进一些学术性术语；有些人喜欢将一些流行的字眼挂在嘴边；有些人喜欢将名言放在并不适当的地方……这些行为会让人觉得你在卖弄学识、故作高深，其实自然、平实的言语更容易让人接受。

第二章

美言暖心，
这样赞美更易让人心动

善于赞美，让别人更喜欢你

大文豪马克·吐温曾经说过：“一句美妙的赞语可以使我多活两个月。”仔细思考，这句话不无道理。马克·吐温坦诚地表达了我们人类共同需要的精神滋养——赞美。

每个人都有着爱听赞美的天性，希望自己的真正价值被认可，尤其是希望得到朋友的认可。即使处在一个极小的天地里，人们仍然希望自己是那个小天地里的重要人物，能得到他人的真诚赞扬。鉴于此，我们不妨遵守人际交往的“黄金法则”——发自内心地称赞他人，以满足他人人性的渴望。

有一个女孩，5岁就开始登台演唱。她有着优美的歌声，她的天赋从一开始就显露无遗。长大后，她的家人请了一位很有名的声乐老师来训练她。只要这个女孩想要放弃或节奏稍有不对，老师就会很细心地指正。后来，她嫁给了他。婚后，他还是她的老师，但是她的朋友们发现她那优美自然的歌声已有了变化，声带变得紧绷、生硬，不再像以前那样动听。渐渐地，邀请她去演唱的人越来越少。最后，几乎没有人再邀请她了。而这时，她的丈夫——也是她的老师，去世了。

此后几年，她很少演唱，她的才华似乎已经枯竭，直到有一位推销员开始追求她。每当她哼唱小调或乐曲旋律他都会惊叹她歌声的美妙。“再唱一首，亲爱的，你有全世界最美的歌喉。”他总是这样说。事实上，他并不知道她唱得到底好不好，但是他确实非常喜欢她的歌声，所以他一直对她大加赞扬。她的自信心开始恢复，她又开始前往世界各地演唱。后来，她嫁给了这位“善于发现美”的人，重新开始了她的歌唱生涯。

看，这就是赞美的力量。赞美是世界上最具价值的营养品。恰到好处的赞美，是人际交往中的兴奋剂，也是为你开启成功之门的一把钥匙。

赞美之所以能对人的行为产生深刻的影响，是因为它满足了人们对自尊心的需求。赞美是对个人行为的积极反馈，它能给人带来满意和愉悦的情绪，给人以鼓励和信心，促使人们保持良好行为并继续努力。在现实生活中，无论是孩子还是成人，无论是青年还是老年人，无论是平凡的人还是伟人，都渴望得到他人的尊重，被人赞扬。

赞美是成功人际交往的一种重要能力，人们会因此而喜欢你，而你自己也会因此而受益无穷。一旦人们认为自己的价值得到了认可，他们就会感到非常高兴。这时，如果你提出自己的请求，对方通常会爽快地答应。心理学家证实：心理上的亲近是别人接受你意见的开始，也是态度转变的开始。因此，求助者要想在求人办事时取得成功，一个有效的方法就是给予对方真诚的赞美。赞美他人是一种有效的情感投资，它投入少而回报大，是一种非常符合经济原则的行为方式。

林大庆是一名十分优秀的保险推销员。一次，公司先后派出10名推销员去向某公司的大老板赵总推销保险，但都遭到了他的冷遇。他的理由是自己很忙，没有时间和他们交谈。而且，他向来就对推销员没有什么好感，总是避而远之。所以，只要有推销员上门，他都会用自己的冷漠让推销员知难而退。林大庆了解到这样的情况后，还是决定亲自去试试。

到了赵总的办公室，林大庆开始做自我介绍："您好，先生，我是保险公司的推销员，很高兴见到您。”

他说着便把自己的名片递了上去。赵总瞥了一眼名片便将其扔在了办公桌上，不高兴地说：“又是一个推销员。在你之前已经有10个推销员光顾我这里了。你高兴见到我，我却不高兴见到你啊。我还有很多事情要做，没有时间听你们这些推销员唠叨，不要再烦我了。”很明显，赵总已经下了逐客令，并且态度十分冷漠，一般的销售员肯定会灰溜溜地离开，但是林大庆却没有选择离开。

他完全没有理会赵总的态度，而是微笑着对赵总说：“在见您之前，我觉得这么大的公司总经理应该是一个上了年纪的老者，没想到您这么年轻。能成就这么大的事业，真是不容易。”

一句话触动了赵总的心弦，他感慨地说：“是啊，很不容易，摸爬滚打地闯了10年才有今天的成就。”

林大庆说：“哦，10年？那您不就是从十八九岁就开始创业了？那时您一定是胸怀大志、斗志昂扬吧！我真是很佩服您。很想听听您的创业史，只可惜您很忙没有时间。”

林大庆的话勾起了赵总的兴趣。赵总很少和别人讲自己的经历，而此时有了难得的聆听者，他也不愿意放过，于是就说：“我的经历说来话长。不过我今天没有安排，如果你感兴趣，我可以讲给你听听。”

林大庆说：“万分荣幸。”

于是，赵总仰身靠在自己的老板椅上，态度变得亲切，开始讲述自己的经历。林大庆很认真地倾听着，并不时地给予赞叹，表达自己的感慨。两人很快就熟悉了，到了中午的时候，赵总坚持邀请林大庆一起吃饭，并参观自己的公司。

在整个过程中，林大庆很少提及推销保险的事情，他对赵总的事业表现出了极大的兴趣，并对赵总的创业经历给予了真诚的赞美和欣赏，因此他很快就赢得了赵总的信任。最后，赵总不仅给自己买了保险，还为自己的女儿也买了一份。

赞美是人际关系的润滑剂。真诚的赞美往往能迅速缩短人与人之间的心理距离，达成有效沟通的目的。所以，在人际交往中，我们要善于发现他人身上的优点，并恰到好处地给予赞扬。

赞美是人们对美好事物、美好行为的正面评价。美国著名心理学家威廉·詹姆斯曾说："人类天性中最深的渴望之一是被赞美、钦佩和尊重。"巧妙地赞美他人，不仅会能得对方的尊重，还能提高你在他人心目中的地位。只要是优点、长处，且对他人没有害处，你就可以毫无保留地表达你的赞美之情。

俗话说："良言一句三冬暖，恶语伤人六月寒。"赞美是人生路上的加油站，运用得当也许可以改变你一生的命运。所以，请赞美你周围的每一个人。无论他们是好是坏，是贫是富，都要去发现他们的优点，并对他们的优点给予赞美。赠人玫瑰，手有余香！赠送他人赞美之花，不仅能让对方获得信心并取得进步，还能瞬间获得其他人的好感，而你也将因此得到人生中最宝贵的财富！

化腐朽为神奇，赞美是一种激励

赞美是一种鼓励，也是一种肯定，它可以激发人们的自豪感与上进心。赞美是激励他人的最好方式，它就像兴奋剂，能够有效地激发人的内在潜能。赞美能让懦弱的人鼓起勇气，让徘徊的人找到方向，让盲目的人确定目标，让自卑的人获得信心，让软弱的人坚定意志，让成熟的人提升自我！

著名成功学家拿破仑·希尔小时候曾被认定为是一个坏孩子。母牛走失，树木被莫名其妙地砍倒……每当发生这类事情，大家都认为是他干的，甚至连他的父亲和哥哥也认为他很坏。大家都认为他的母亲去世后缺乏管教是他变坏的主要原因。既然大家都这么认为，他也就不再在乎。于是，他变得更加肆无忌惮。

有一天，父亲说要再婚，大家都在猜测新妈妈会是什么样的人。

而希尔却打定主意，不把新妈妈放在眼里。陌生的女人终于走进家门，她热情地向每个人打招呼。当她走到希尔面前时，希尔像枪杆一样站得笔直，双手交叉在胸前，冷漠地盯着她，没有丝毫欢迎的意思。

“这是希尔，”父亲介绍说，“全家最坏的孩子。”令希尔终生难忘的是继母当时所说的话。她将手放在希尔的肩上，目光坚定地看着他，眼里闪烁着光芒。“最坏的孩子？”她说，“一点也不，他是全家最聪明的孩子，我们要引导他发挥出自己的潜力。”最终，希尔正如他的继母所说的那样，成了全家最聪明的孩子。

继母对拿破仑·希尔产生了深远的影响，因为她相信他是个好孩子。

真诚的赞美可以收到好的效果，而批评和嘲笑往往会使事情变得更糟。事实上，被赞美的人宁愿付出惊人的努力，也不愿让赞美他的人失望。一句赞美的话，能改变一个人，这样的例子在历史上数不胜数。若爱迪生没有得到母亲对他孵鸡蛋行为的肯定和赞许，他可能就不会有那么多的发明和创造；若英国作家韦斯特没有得到老校长的称赞，英国文学史就要缺少不朽的一页。正是那些看似微不足道的赞美，给予了那些需要动力的人无穷的力量，给予了那些身处逆境的人奋斗的信心。

赞美是一种将外在动力转化为内在动力的非常好的方式，它能激发人的内在潜力，增强个体的活力，有时甚至有化腐朽为神奇的力量。因为语言左右潜意识，而潜意识的强大能量可以将被指令的事情变为现实。

某局局长很善于称赞科员们。因为他知道，称赞的力量是巨大的，称赞可以激励科员们不断努力，取得更好的成绩。

办公室秘书小高在一次竞赛中获得年度新闻稿件一等奖。拿回证书后，局长给予了小高高度的评价："小高，不错！你的那篇稿子我拜读过，文笔流畅，观点突出。好好努力，你很有发展潜力。"

财务科会计小闫在全市财会人员珠算竞赛中获得二等奖。局长高兴地说："这次获奖是你平时努力的结果，这就叫'功夫不负有心人'。如果没有过去的努力，你是不可能取得这么好的成绩的。"

这样的称赞让下属意识到了自己的价值，增强了他们的信心，同时也让他们感受到领导对自己努力的肯定，产生了"知己"的感觉。

赞美是一种强大的力量。当一个人具有某些长处或取得了某些成就时，他还需要得到他人的认可。如果你能以诚挚的敬意和真心实意的赞扬来满足一个人的自我需求，那么任何人都可能变得更愉快、更通情达理、更乐意合作。

玛丽是一名见习服务员，她在繁忙的纽约杂货商店里忙活了一整天，累得精疲力竭。她的帽子歪斜，工作裙上沾满了污渍，双脚越来越疼，手中装满货物的托盘也变得越来越沉重。她感到疲惫和沮丧："看来我似乎什么也干不好。"

玛丽好不容易为一位顾客列完一张复杂的账单。这位顾客有好几个孩子，这些孩子反复地更改冰激凌的订单。

玛丽真的准备撂挑子了。

这时候，这位顾客一边递给玛丽小费，一边笑着对她说："干得不错，你将我们照顾得太周到了！"

突然之间，玛丽的疲倦感消失了。她也以微笑回应。后来，当经理问到她对第一天工作的感受时，玛丽回答说："挺好！"

那几句赞扬似乎改变一切了。

如果几句话就能给人们带来这样的满足，那么我们为什么不这样做呢？

赞美是一种切实有效的激励方式。一位成功人士曾经这样说过："在现实生活中，许多人习惯于批评或警告他人，但如果能够转而称赞他人，就会使其更有信心，更容易发挥潜能。"因此，当你看到值得赞扬的人或事时，一定要及时给予称赞，使赞美发挥其最大作用。

把握分寸，别让赞美走了调

林肯曾经说过：“人人都需要赞美，你我都不例外。”

虽说每个人都喜欢听赞美的话，但并不是所有赞美的言论都会让人喜欢。若赞美的话说得不得当，不仅达不到预期的效果，反而可能引起他人的反感。比如，你与客户面谈，只要看见对方是女性，你张口就说，“您长得真漂亮”“您打扮得真好看”或“您显得真年轻”。这种一点铺垫都没有的夸奖太不自然了。碰到脾气好的人最多说你句神经病，然后扬长而去；要是碰到脾气不好的人，不骂你个狗血淋头才怪呢。

一位销售员参加了一位客户的新婚宴会，新娘的长相并不出众，甚至腿部还稍有残疾。

为了拉近与新郎的距离，这个销售员便对新人赞美道：“从来没有见过这么漂亮的新娘，简直是白壁无瑕，太完美了！”然而，这种虚假的赞美却得罪了新娘和客户。因为大家都知道，他的赞美太虚假了。新郎难道不知道新娘的腿有残疾吗？这还能称得上是“完美”吗？

可见，赞扬他人不能毫无根据或过度夸张。如果你的赞美使双方都感到尴尬，或者让人觉得你言不由衷，其结果就会适得其反。

杰克刚进入推销行业不久，还是一个新手。

一天，一位前辈带他进行上门推销，希望他能够在实际工作中尽快地学到一些经验。

杰克十分崇拜这位前辈，对前辈的言行都仔细观察，用心记忆。一天，他发现前辈一见到约见的客户，就笑容满面地交谈起来。前辈说："我听说您最近又做了不少善事，真是个心地善良的人。那些穷苦的人遇到您，真是他们的幸运。"

原本一脸严肃的客户听到这句话后，立刻喜笑颜开地说："哪里哪里，这是应该的。"

接下来的洽谈，气氛变得融洽了许多，曾被几经拒绝的生意也谈成了。

杰克仔细分析后认为，是前辈的那句赞扬的话起到了关键的作用。于是，勤奋好学的他便将这句话记到了本子上。

前辈终于同意让杰克独立去完成任务了，他的第一个客户是一个玩具商。在见这位客户之前，杰克做了大量的准备，最后他敲响了玩具商的门。

杰克见到玩具商一脸严肃，决定先缓和一下气氛。于是，他故作兴奋地说："我听说您最近又做了不少善事，真是个心地善良的人啊。那些穷苦的人遇到您，真是他们的幸运。"

玩具商听了这些赞扬后却目瞪口呆。他心想："我最近根本没做任何善事，这位推销员肯定是记错人了。我不能允许一个不重视我的人在我的办公室里。"于是，玩具商说："先生，恐怕你是认错人了。我很忙，请回吧！"

杰克还没有开口谈正事就被拒绝了。

这个故事说明了一个道理：赞美一定要建立在真实的基础之上。尽管人人都希望被赞美，但如果赞美的是不符合现实的事项，被赞美的人往往会产生"他说的是我吗"的想法，同时，也会得出“这是一个虚伪的人，他所说的话不值得信任”的结论。

赞美是一件好事，但绝不是一件易事。在赞美别人时，如果不审时度势、不掌握一定的赞美技巧，即使你是真诚的，也可能将好事变为坏事。所以，在开口前一定要掌握赞美的原则和技巧。

1．赞美应出于真诚

不真诚的赞扬会给人一种虚情假意的印象，或者被认为怀有某种不良目的，被赞扬者不但不会感谢，反而会厌恶。言过其实的赞扬，会使受赞扬者感到尴尬，也会降低赞扬者的威信。

2．实事求是

当你准备要赞美时，首先要斟酌一下自己的赞美对方听了是否会相信，第三者听了是否会不以为然，一旦出现异议，你是否有充分的理由证明自己的赞美是有根据的。所以，赞美只能在事实的基础上进行，不可夸大其词。

3. 赞美要把握时机

对于朋友、同事身上的特点，你要尽可能地随时随地去发现。如果你真心地欣赏他们，就要抓住时机积极反馈。无论是他们的一个表情、一个动作，还是所说的一句话、所做的一件事，你都要看在眼里、记在心里。赞美的时机多种多样，可以是当时、事后、大庭广众之下或两人独处之时，但一般以当场赞美为好、当众赞美为好。

4．因人而异

人的年龄有大小，能力有高低，性格有不同，所以，赞美要因人而异。比如，年龄大的人喜欢怀旧，总可以赞美他们的辉煌成就；年轻人，则可以赞美他们的创造性、开拓精神以及前途无量；对于做生意的人，可以赞美他们生财有道；对于知识分子，可赞美他们知识渊博……当然，这一切的赞美都要基于一定的事实依据，不能夸大其词，否则会徒增他人的反感之心。

5. 赞美要适度

过度的恭维、空洞的奉承，或者频率过高的恭维、奉承都会令对方感到难以接受甚至肉麻和讨厌，结果适得其反。只有适度的赞美才会令对方感到欣慰。适度的标准因人、时、事、地而异，需要不断地摸索和积累，掌握好“度”。

总之，赞美必须恰如其分且适度。恰当的赞美会让他人很受用，不合适的赞美只会给你添麻烦。

勿以赞小而不为，赞美从小事入手

赞美他人既是一种生活智慧，也是一项重要的沟通技巧。并不是只有伟大的举动才值得赞美，一些看似微不足道的小事同样值得肯定和赞美。所以，赞美可以从细微之处着手。

每个人都希望被他人关注，即使是自己发生细小的变化也期待被他人察觉。比如，你的同事换了新领带，你说：“这条领带真适合你，真漂亮，在哪儿买的？”这样的赞美和关心会让他感到愉快，进而对你产生好感。特别是女性，她们对自己的穿着打扮更为敏感，一旦有人注意到她们服饰的变化，她们会感到由衷的高兴，这也会拉近你们之间的距离。细心的人会留意这种小改变并及时指出，如“你最近减肥很成功”“这个设计做得真不错”等，这会给对方一种你很在乎他的感觉。所以，当你觉察到他人的变化时，不妨大胆地表达出来。对于好的变化，更不要吝惜赞美之词。

佳佳是某公司的一名助理，她不仅业务能力强，而且善于沟通，深受同事们的喜爱。

一天早上，一位男同事刚踏入办公室，佳佳就注意到，他穿了一套新西装。她走到他的面前，及时称赞道："王哥，你穿这套西装真帅气。个子本来就高，更显得英俊潇洒、玉树临风了！"其他几位同事也一起附和道："是啊，帅呆了。"

这位男同事很得意地转了一圈，然后才回到自己的办公桌前。

人人都渴望得到肯定，留意并指出他人细微的变化，会让对方感觉到他在你心中的重要位置；相反，如果对他人的变化视而不见，他们可能会觉得你没有把他们放在眼里。所以，当你周围的人有显著变化的时候，要及时地指出来并给予称赞。

从小处着手夸奖他人，不仅会给对方带来出乎意料的惊喜，而且塑造你关心、体贴他人的形象。如果你关注他人的细微变化和特长，并于细微之处对其进行赞美，那么对方将会在你的赞美声中感受到温暖和感动，从而对你产生好感。

在一次社交聚会上，一位资深作家被人称赞道："你真是一位了不起的作家，我们大家都认为你的作品是最值得我们拜读和学习的。"听到这样的话，作家无动于衷，脸上没有任何表情，因为他认为在文坛上越来越红，得到这样的称赞是理所当然的。

这时，一名女记者过来，她主动伸出手与作家握手，并用另一只手指着作家修剪整齐的胡须说道："先生的胡须真的是与众不同，既有品位又有魅力。"女记者的话说到了作家的心坎上。原来，作家经常精心修剪打理胡须，可是很少有人会对他的胡须进行赞美。女记者的称赞正中作家的心坎，他顿时喜上眉梢。结果可想而知，女记者成功地对作家进行了独家专访，而且两人还成了好友。

真正善于发现他人优点的人能避开盲区，从细微之处给予他人赞美，其赞美的效果，可谓是“星星之火，可以燎原”。如果你能在他人不注意的地方进行赞美，那你一定会出奇制胜，大有收获；对方也会因此而欣喜异常，将你视作“知音”。知音难觅，一旦发现，便会倍加珍惜。所以，要想使你的赞美听起来更真诚、更贴切、更实在，就要善于从细节上赞美他人。也只有从细节上下手，才能真正抓住事物的本质，把赞美的话说得无懈可击，从而让他人打心里接受你的赞美。

常言道：“泰山不拒细壤，故能成其高；江海不择细流，故能就其深。”所以，大礼不辞小让，细节决定成败。“勿以恶小而为之，勿以善小而不为。”赞美他人也是一样，勿以赞小而不为。小事犹如未经雕琢的璞玉，如果你不留心鉴别，它就可能永远埋没于山野或土层中，很难发现其价值。那么，我们的社会便会变得如同山野般荒凉，缺乏温情。相反，如果人人都去挖掘，哪怕只是微小的一点，并给予赞美，那么在彼此的赞美声中，人们所获得的将是人间荡漾的温情。

抓住闪光点，称赞对方引以为傲的地方

在现实生活中，有些人精通赞美之法，有些人却不会赞美。英国剧作家萧伯纳曾说：“每次有人吹捧我，我都感到头痛，因为他们捧得不够到位。”可见，人人都喜欢听到赞美，关键在于赞美的人能不能抓住被赞美之人的闪光点。

一天，约翰来到一所豪华、整洁的农舍推销新型取暖设备。当户主琼斯太太得知他是一名推销员后，便“砰”地将大门关上了。

虽然初战失利，但约翰并不服输。他决定换个方法，再碰碰运气。于是，他换了一种语气，大声说：“琼斯太太，很对不起，打扰您了。我今天来拜访您并不是为了公司的事，我只是想买一些鸡蛋。”听到这话，琼斯太太的态度稍稍缓和了一些，将门打开了一条小缝。约翰接着说：“您家的鸡长得真好，它们的羽毛光滑又漂亮。您这些多明尼克种鸡下的鸡蛋，能不能卖给我一些呢？”

门开得更大了，琼斯太太好奇地问约翰：“你怎么知道这些是多明尼克种鸡？”

约翰知道自己的话已经打动了琼斯太太，便继续说：“我家也养了一些鸡，可是没有您喂养得这么好，养得这么好的鸡我还是第一次见到呢。而且，我家的鸡只会下白色的蛋。不知道您有什么秘诀？夫人您是知道的，做蛋糕时，用红褐色的鸡蛋要比白色的鸡蛋好得多。我妻子今天要做蛋糕，需要几个红褐色的鸡蛋，所以我就到您这里来了。”

琼斯太太听到这些话，心中顿时乐开了花，立刻从门后走了出来。约翰趁机迅速瞄了一下四周的环境，发现琼斯太太家有一整套的奶酪制作设备，于是继续说：“我敢打赌，您养鸡赚的钱一定比您先生养奶牛赚得多。”

这句话完全说到了琼斯太太的心坎里，因为一直以来，她都想将自己得意的事告诉别人，但一直没有机会。约翰的话一下子点中了她的“死穴”，他们互相交流养鸡的经验，交谈得十分融洽。

最后，在约翰的赞美声中，琼斯太太主动询问新型取暖设备的好处，约翰给她做了详尽的介绍。一周后，约翰收到了琼斯太太的订货单。

人人都希望自己引以为傲的闪光点能受到他人的关注和赞扬，我们何不找出大家引以为傲的闪光点，并真诚地给予赞美，让他们高兴一下呢？

事实上，由衷地赞美他人的闪光点是件温暖且无需花费的礼物。很多人觉得赞美他人是虚伪的，经常觉得难以开口，不知道从何说起。其实，赞美他人并不难，赞美的关键就在于准确找到对方身上的闪光点，这样的赞美往往最有效、最得对方的欢心。

一位心理学家曾经成功地改变了一个被父母认为“无可救药”的男孩，心理学家的方法就是发现并称赞男孩身上的闪光点。

男孩的父亲说：“这孩子一无是处，没有一点可爱的品质，没有一点！”于是，心理学家开始在男孩身上寻找他能给予赞美的闪光点。他发现这个男孩喜欢雕刻，并且雕刻技艺高超。心理学家为男孩买来一些雕刻工具，还教他如何使用这些工具，并且赞美他说：“你知道，你的雕刻技艺超过了我所认识的其他任何一个孩子。”不久，他又在这个男孩身上发现了几件值得赞美的事情。后来有一天，这个男孩做了一件让他父母大吃一惊的事：他主动打扫了自己的房间。当父母问他为什么这样做时，他说：“我想，这样做你们会感到高兴。”

心理学家马斯洛认为，荣誉感和成就感是人类高层次的需求。当一个人具有某些优点或取得了某些成就时，他需要得到他人的认可和肯定性的评价——赞美。一旦这种心理需求得到满足，他就会备受鼓舞，进而发挥出更大的积极性，继续努力前进。

小杨大学毕业后想进入某公司，但他没有盲目地去应聘，而是花费了很多精力，广泛搜集该公司老板的相关信息，详细了解这位老板的奋斗历程。见面那天，小杨这样说道：

“我很愿意到贵公司工作。我觉得能在您手下做事，是我莫大的光荣。因为您是一位依靠个人奋斗取得事业成功的人物。我知道10年前您创办公司时，条件非常简陋，只有一张桌子、一位职员和一部电话机。通过您的艰苦奋斗，公司才发展到今天的规模。您的这种精神令我钦佩。我正是被这种精神吸引，才来到这里接受您的挑选。”

大多数事业有成的人都喜欢回忆自己奋斗的历程，这位老板也不例外。小杨准确地把握了老板的心理，他的一番话引起了老板的共鸣。因此，老板兴致勃勃地谈论起他自己的成功经历。小杨始终在旁认真聆听，不时点头表示钦佩。最后，老板很简单地问了小杨的一些情况后，说：“你就是我们所需要的人。”

赞美他人不是简单地说些甜言蜜语，而是要根据对方的文化修养、性格、心理需求、背景、语言习惯以及职业特点和个人经历等因素，恰当地赞美对方，特别是要赞美对方的闪光点。在赞美时，找准对方身上的闪光点，对他引以为傲的事情给予肯定，对方自然会很高兴。

赞美是世界上最动听的语言之一。如果我们能细心观察，看到他人身上的闪光点，并给予适当的赞美，一定能激发他们的自豪感，赢得好感。

背后赞美，比当面恭维更为有效

通常情况下，赞美是当面指出他人的优点或长处，但赞美的方式并不仅限于此。有时候，如果我们能选择一个适当的时机在他人背后进行赞美，也就是在对方不在场时说他的好话，往往能取得更好的效果。正如罗斯福的副官布德所说：“在背后赞扬别人的优点，比当面恭维更为有效。”

在背后称赞他人，在各种恭维方式中，被认为是最让人高兴且最有效果的方法之一。假如有一位陌生人对你说：“某某朋友经常对我说，你是个很了不起的人！”相信你会油然而生感动的心情。因此，我们想要让对方感到愉悦，就应该采取这种在背后说好话的策略。

一家公司的培训部外请了一位兼职讲师。小陈想学习一点新知识，就旁听了这位讲师的课程。课程快结束的时候，小陈回到办公室，对同事们说：“讲师的课程讲得很好，有些人天生就适合做讲师。”课程结束了，讲师走出教室，和大家聊天。突然，讲师问小陈对课程的看法，并让他提点意见。小陈一时没有反应过来，思考如何回答才能既不显得恭维又恰当。旁边的同事搭腔说：“小陈刚才说，没有想到您的课程讲得这么好。我们都要向您学习。”讲师听后，脸上露出满意的笑容。从此，小陈就和讲师成了朋友，经常切磋，互相提高。

有时，赞美并不需要你挖空心思去想华丽的辞藻，也不用你费尽心机找各种场合去讨好，在背后不经意间将赞美的语言送出去，往往效果能出奇地好。

林翔是某公司的一名销售人员，他与另一位名叫冯仑的同事在推销观念和方法上存在分歧。冯仑常常在背后骂林翔是该死的傻瓜，甚至称他是“没有头脑的大猩猩”。

当有人将这些出言不逊的话告诉林翔时，林翔非但没有生气，反而心平气和地说道：“如果他评价我是一个该死的傻瓜，那么我很可能就是像他说的那样。我深知他的为人，他办起事来总是非常认真，而且他说过的话大多数是正确的。”

林翔这番以德报怨的话，很快就传到了冯仑的耳朵里。冯仑深受感动，并非常诚恳地向林翔表达了自己的歉意。在那以后，林翔和冯仑的关系逐渐变得越来越亲密无间。

面对冯仑的谩骂和诋毁，林翔没有当面指责对方，而是通过对其办事能力的肯定表达自己的信任，巧妙地化解了对方的敌意，同时促使对方认识到自己的错误。从这件事中，我们可以看出，林翔深谙赞美之道。

赞美他人时，当面说好话固然有效，但背后的赞美往往效果更明显。当面说好话可能会让人怀疑你的动机，而背后赞美则更容易被认为是真诚的。如此，别人不仅会领你的情，还会感激你。

国外心理学家调查，在背后称赞他人的优点能起到事半功倍的作用。此外，若直接赞美的力度不足，会让对方感到不满足、不过瘾，甚至不服气，而过度的赞美则可能变成恭维，相比之下，背后赞美则可以缓和这些矛盾。因此，有时通过第三方间接赞扬的效果可能比直接赞美更好，因为这样的赞美显得更真实，是发自内心的，而聪明的人总是善于运用这一技巧。

有一位员工在与同事们闲谈时，无意中说了上司几句好话："咱们经理这人真不错，处理事务公正，对我的帮助很大，能够为这样的人做事，真是一种幸运。"

这几句话很快就传到了经理的耳朵里，经理听后感到欣慰和感激。

那位员工在经理心中的地位也上升了。就连那些"传播者"，也忍不住对这位员工进行夸赞："这个人心胸宽广、品格高尚，真是难得！"

在背后说别人的好话，通常被认为是发自内心、没有动机的。其好处是不仅能给更多的人以榜样的激励作用，还能让被赞美者在听到别人转述的好话后，更感受到赞扬的真实性和诚意，从而在满足荣誉感的同时，增强了上进心和对赞美者的信任感。如果你想让他人对你产生更多的好感，就学会在背后赞美他们吧！

第三章

愉悦人心，
幽默风趣的人
走到哪里都受欢迎

加点幽默因子，拉近人际距离

常言道：“笑是两个人之间最短的距离。”幽默能给人们带来欢笑，所以，幽默能拉近人与人之间的距离。幽默，是心灵的桥梁，是欢乐的源泉，是融洽的纽带，更是心与心那温暖的交汇点。

这世上还有什么比欢笑更能感染人的呢？只要你掌握了给人带来快乐的方法，你就更容易获得人们的接受和肯定，成为一个在社交场上有影响力的人。“百万富翁的创造者”拿破仑·希尔曾说过：“如果你是个幽默的人，那么你就会轻而易举地影响你周围的人，让他们永远喜欢你；如果你是个悲愤的人，即使你身边是欢乐的海洋，你也会看不到的。”

鲁迅先生在人们的印象中是一个严肃、倔强的人，他笔锋犀利，爱抨击时弊。可是，在和朋友交谈时，鲁迅却是一个很幽默的人，他谈话生动随和，给人一种如沐春风的感觉。

有一次，鲁迅与几个朋友相聚，谈起了某地方官僚下令禁止男女同校上学、一同游泳的事。鲁迅发表议论说：

“同学同泳，皮肉偶尔相碰，就有碍男女之大防。不过，禁止之后，男女还是一同生活在天地之间，一同呼吸着天地间的空气。空气从这个男人的鼻孔呼出来，被另一个女人的鼻孔吸进去，淆乱乾坤，实在比皮肉相碰还要坏。要彻底划清界限，不如再下一道命令，规定男女老幼，诸色人等，一律戴上防毒面具，既禁空气流通，又防抛头露面。这样，每个人都是——喏！喏！”说着，鲁迅站起身来，模拟起戴着防毒面具走路的样子，朋友们笑得前仰后合。

幽默有助于社交活动，幽默的谈吐是社交场合必备的智慧。在成功的人际交往中，幽默能使人在不利的情况下保持快乐的心情，也能让周围的人与自己一同快乐。

有人说：“博人好感者必善于幽默。”虽然这句话显得有点夸张，但幽默在人际交往中确实起着不可小觑的作用。如果你想在交往中很快得到别人的友谊，就要善于运用幽默的力量。

著名国画大师张大千与著名京剧艺术大师梅兰芳神交已久，相互敬慕。在一次张大千举行的送行宴会上，张大千向梅兰芳敬酒时出其不意地说：“梅先生，您是君子，我是小人，我先敬您一杯！”

众人愣住了，梅兰芳也不解其意，忙问：“此语做何解释？”

张大千朗声答道：“您是君子——动口；我是小人——动手！”

张大千机智幽默，一语双关，引来满堂喝彩，梅兰芳更是乐不可支，将酒一饮而尽。

正是因为张大千的幽默，梅兰芳才会和张大千成为挚友。设想张大千并不是一个懂得幽默的人，那么依照梅兰芳的性格，他是很难同张大千建立深厚的友谊的。幽默拉近了他们之间的距离，使他们的交际圈都得到了扩大。

幽默是人际交往的法宝，是交流会谈中的调味品，是沟通情感的纽带。风趣幽默的口才是一种艺术，它往往能产生“四两拨千斤”的威力。

有人说，当你同别人一起笑的时候，感情也就和他人得到了交流。很多人之所以招人喜欢、让人愿意与其交往，不仅因为他们才华横溢，更主要的是他们的幽默能够活跃气氛、给人留下深刻的印象和美好的回忆。这使得彼此之间的第一次交往就能变成朋友之间友好的聚会。

有一次，英国著名侦探作家柯南道尔（大侦探福尔摩斯的创造者）在巴黎叫了一辆出租马车。他先将旅行包扔进了车里，然后爬了上去。赶车人问道："柯南道尔先生，您上哪儿去？"

"您认识我？"作家非常诧异地问。

"不，从来没有见过。"

"那您怎么一下就叫出了我的名字呢？"

"这个嘛，"赶车人井井有条地说，"我在报纸上看到你在法国南部度假的消息；看到你从马赛开来的一列火车上下来；我注意到你的皮肤黝黑且有些膨胀，这说明你在阳光充足的地方至少待了一个多星期；从你右手指上的墨水渍来推断，你一定经常写作；另外，你具有外科医生那种敏锐的目光，并穿着英国式样的服装……"

说到这里，赶车人顿了顿，柯南道尔吃惊地说："你居然能从所有这些细微的观察中认出我来，真是太神奇了！你简直和福尔摩斯不相上下了。"

"当然，还有一个非常重要的事实。"赶车人说。

"什么事实？"

"旅行包上写有你的名字。"

听到这，作家和幽默的赶车人都笑了。两个人之间的陌生感也在瞬间消失了，他们开始了一段愉快的巴黎之旅。正是幽默的运用，使两个人之间产生了许多温馨的感觉并留下了深刻的印象。

与人交流的时候，多用一些幽默的语言，不仅可以消除人与人之间的疏离感，还能达到心灵相通的美好境界。

富有幽默感的人总是让人印象深刻并受到欢迎。他们能使枯燥的会议变得活跃，让朋友间的聚会更加热闹；他们能让严肃的上司松弛紧绷的表情，让拘谨的下属缓和紧张的心情。与他们相处，无论是初次见面还是久别重逢，都让人感到轻松愉快。这样的人，怎么能不招人喜爱呢？

所以，适当地掌握一些幽默的技巧吧，给生活增添一抹诙谐的色彩。如果能够在初次见面时就用你的巧语妙言逗得对方开怀一笑，那么之后的人际交往将会更加愉快！

用幽默包装自己，提升你的魅力

幽默是展现自我魅力的极佳方式，我们不得不承认，善于运用幽默的人往往魅力十足。一位心理学家告诉我们："如果你能让一个人对你有好感，那么，你也可能让周围的每一个人，甚至全世界的人，都对你有好感。你不需到处和人握手，而是以你的友善、机智、风趣来传播你的信息，这样，你与他人的空间距离就会变得无关紧要。"

幽默的特点是能够引人发笑，带给人快乐、愉悦和满足感。将这一特点运用到社会生活中，往往能产生意想不到的效果。

作家马克·吐温是一个机智幽默的人。有一次，他去一个小城，临行前有人告诉他那里的蚊子特别厉害。到达后，在旅店登记房间时，一只蚊子恰好在马克·吐温眼前盘旋，这让工作人员感到非常尴尬。马克·温却满不在乎地对工作人员说："贵地的蚊子比传说中的不知要聪明多少倍，它们竟能预先看好我的房间号码，以便夜晚光顾，饱餐一顿。"大家听了不禁哈哈大笑。结果，这一夜，马克·吐温睡得十分香甜。原来，旅馆所有工作人员一齐出动，驱赶蚊子，不让这位受到大家喜爱的作家被"聪明的蚊子"叮咬。幽默不仅为马克·吐温赢得一群诚挚的朋友，也让他得到了陌生人的特别关照。

幽默是人际交往中的吸铁石，可以将周围的人吸引到你身边。

幽默之所以能提升个人魅力，主要原因在于幽默能折射出一个人深厚的修养、卓越的智力和乐观豁达的个性，使人具有特殊的和巨大的吸引人的力量。在人际关系中，一个人对他人的吸引力正是其个人魅力的体现。因此，一个富有幽默感的人，无论走到哪里，都会散发出强大的吸引力和影响力。

著名诗人惠特曼是一个有幽默感的人，而且他的幽默常常很尖锐。也许，正是这种具有尖锐性的幽默，增强了他的感染力。

有一次，惠特曼在一次大会上演讲，他的演讲既锋芒毕露又妙趣横生。

忽然，有人喊道："您讲的笑话我不懂！"

"您莫非是长颈鹿？"惠特曼感叹道，"只有长颈鹿才可能星期一浸湿的脚，到星期六才能感觉到！"

“我应当提醒你，惠特曼先生，”一个矮胖的人挤到主席台前嚷道，“拿破仑有句名言：‘从伟大到可笑，只有一步之遥！’”

“不错，从伟大到可笑，确实只有一步之遥。”他边说边用手指着自己和那个人。

一个人的魅力和影响力不仅源自他的财富、成就、学识，还源自他的幽默感。一个拥有巨大成就的人也许能获得他人的尊重，但未必能让人产生亲近感。而那些拥有幽默感的人，人们都乐于交往。幽默是一种融合智慧与快乐的力量，它增强了个人感染他人的能力，彰显出人性的光彩。

有一位植物学教授，虽然他教的课程是冷门课程，但他的课堂总是座无虚席，甚至有人宁愿站在走廊旁听。其原因并不是这位教授的专业知识多吸引人，而是他的幽默风趣风靡了全校园，学生们都喜欢上他的课。

一次，该教授带领一群学生深入山区进行校外实习。沿途他们看到了许多不知名的植物，学生们好奇地一一发问，教授都详细地回答解说。一位女同学停下脚步，赞叹地对教授说：“老师，您的学问好渊博呀，什么植物您都知道得那么清楚！”教授回头眨了眨眼，扮了个鬼脸，笑着说道：“这就是我故意走在你们前面的原因。只要一看到不认识的植物，我就‘先下脚为强’，赶紧踩死它，以免露馅！”学生们听了哈哈大笑。这次的实习之旅是一趟充满了笑声的愉悦之旅。

当然，教授只是开个玩笑幽默一下而已，这也是他广受学生欢迎的原因。

有幽默感的人，为人处世进退自如，可谓魅力四射。有位哲人说过："再美丽的人也会随着时间的流逝而失去光彩，但岁月只能风干肌肤，改变身材，却无法减损由睿智和幽默增添的魅力分毫。"幽默是我们每个人都能使用的增加个人魅力的手段。

很多人常常沉迷于通过穿着打扮来使自己看起来更有魅力，然而，外表只是表面。一个人的风度和涵养，除了自身的学识和能力外，一个很重要的方面就是幽默感。一个幽默的人往往更显现出涵养和风度，这正是幽默的魅力所在。

在社交场合中，没有人愿意去亲近那些冷若冰霜、满面愁容的人，人们喜欢那些具有吸引力的人。除了外在的美丽，你的幽默也能为你增加吸引力。因此，我们要通过不断的学习与成长，利用智慧的思维、优雅的言语、幽默的表达，常常带欢笑给周围的人分享，并照亮生命的意义，创造辉煌的人生。

人生哪有不出丑，你可以自娱自乐

记得有一位名人说过："幽默有三个阶梯，上了第一个阶梯的人是听别人讲笑话的时候会发笑，这种人具有了最初层次的幽默感；上了第二个阶梯的人是自己能够来一点幽默，让别人发笑，这种人就具有了不错的幽默感；上了第三个阶梯的人则是能够自嘲，这种人的幽默感就达到了高级阶段。"

所谓"自嘲"，顾名思义，就是用嘲讽的语言和语气自己戏弄、贬低、嘲笑自己。直言直语嘲笑别人是不礼貌的，用幽默的方式嘲笑别人也可能让人难过，而能用幽默的语言嘲笑自己则是豁达、智慧的表现。自嘲是要将自己的缺点巧妙地引申、发挥，自圆其说，引人发笑。因此，自嘲者必定是智者，只有智者才不惧暴露缺点，并且有能力将缺点说出幽默的意味。

在舞会上，一位个头偏矮的男士邀请一位身材高挑的女孩跳舞，女孩礼貌地拒绝说：“我从不与比我矮的男人跳舞。”那位矮男士听了之后并没有生气，也没有指责对方，而是微微一笑，自嘲地说：“我真是武大郎开店，找错了帮手！”女孩听了之后面红耳赤，反而变得不自在起来。

故事中的那位男士用自嘲摆脱了窘境，保持了心态的平衡，并且还将尴尬还给了那个让他难堪的女孩。

自嘲是幽默的最高境界。善于自嘲的人总是能将自己最可爱的一面展示给别人。对自身形象的不足之处大胆而巧妙地进行自嘲，能展示你的自信，彰显你潇洒不羁的个性。

自嘲是一种重要的交际方法。在遇到尴尬的处境时，你可以诙谐地为自己进行辩解或嘲讽。在生活中，许多人都是运用自嘲的高手，他们利用自嘲来调节气氛、化解尴尬。

著名的女主持人杨澜曾在一次大型文艺晚会上担任主持人。在晚会进行到中途时，杨澜不小心在下台阶时摔倒。在这种大型场合出现这种情况，确实令人尴尬。但杨澜非常镇定地爬了起来，凭借她作为主持人特有的口才，对台下的观众说：“真是马有失蹄，人有失足呀。我刚才的‘狮子滚绣球’表演得还不熟练吧？看来这次晚会的台阶不是那么好下呢！但台上的节目会很精彩的，不信，你们瞧他们。”

杨澜的这段自我解嘲式的即兴演讲非常成功，不仅为自己摆脱了尴尬，更展现了她非凡的口才。她的话音刚落，会场立刻爆发出热烈的掌声。

自嘲是一种幽默的说话方式，也是一个人智慧的体现，它可以协调人与人之间的紧张关系，彰显自嘲者幽默风趣的个性。巧妙地运用自嘲的方式来扭转困境，往往比大量的解释、道歉更迅速、有效。在轻松的笑声中，人们往往能够放下误会，将不快化为笑谈。

希腊哲学家苏格拉底的妻子珊蒂是有名的泼妇，她动不动就大发雷霆，而苏格拉底从不发火。他说，与老婆相处对自己修身养性倒是大有好处。有一天，珊蒂在家里吵闹不休，苏格拉底忍无可忍，只好出门。正走到门口，妻子从楼上倒下一盆污水，淋在他的头上。苏格拉底心平气和地说："我早就知道，雷霆过后必有甘霖。"他以自我解嘲的方式，将一腔怒火化为乌有，随即又迅速进入了哲学思考。

无疑，自嘲是帮助我们摆脱困境的最好的语言手段之一。当言谈陷入窘境时，逃避嘲笑并非良策，怒不可遏地反击或反唇相讥会遭到更多的嘲讽，所以，不如自嘲自讽，这样反而显得豁达和自信。这种超脱不仅使自己摆脱了狭隘的自尊心理束缚，还能堵住别人的嘴巴。

林语堂说过："智慧的价值，就是教会笑自己。"在现实生活中，拿自己的错误开玩笑，在让人捧腹大笑的同时，也种下了友谊之树。

马云说的话常常被认为是"马氏"调侃，因为在一些公众场合，马云常常拿自己开涮，以缓和现场气氛。

2006年，在哈佛中美学生领袖峰会上，马云回答学生的提问：

"我当时说男人的长相往往和智慧成反比，是说如果上帝给了我们不好的相貌，我们就应将自己培养得更有魅力、更加聪明。李开复先生确实长得很帅，不过我必须要说，在IT界丑陋的人要比好看的人多。

“成功人士都有不同的成长背景、学术水平。比如，我非常欣赏李开复先生的严谨和温文尔雅。如果以他为标准，我恐怕连100分里面的10分都拿不到；但是如果拿我的标准来衡量他的话，恐怕他也就能得10分。”

同年，在首届中国“创业者论坛”的现场，马云又自嘲了一回：“说我‘瘦马’的人有，说我‘骏马’的人很少。说我‘俊’的人，说明你的眼光真的很不一样。”

马云无疑是一个调侃高手。在上述故事中，马云不仅巧妙地为自己化解了尴尬，而且还从侧面展现了自己的优秀，将自己的短处轻描淡写，将自己的长处放大，打了一场漂亮的“反击仗”。

用自嘲来处理烦恼与矛盾，能使人心情愉快，使气氛和谐。一个有幽默感的人能让人觉得与他相处愉快，而且他的幽默也常常被看成一种可爱的表现，能深深吸引他人。

如果说幽默是智慧和语言的结合，那么自嘲则是幽默和勇气的产物。鲁迅曾说：“我的确时时剖析别人，然而更多的时候是更无情地剖析自己。”剖析自己需要勇气，自嘲同样需要勇气。一个敢于自嘲且懂得自嘲的人，必定是一个自信的人，一个人际关系良好的人。

遇到困境别发愁，巧用幽默笑解忧

幽默在人们的生活中发挥着巨大的作用。它不仅能提升个人魅力，还能让生活更加轻松，更能帮助人们缓解生活中所遇到的尴尬或危机。弗洛伊德曾经说过一句话：“最幽默的人，是最能适应的人。”幽默是人际交往中的润滑剂，一句幽默的话语能让双方在笑声中相互谅解，心情愉悦。

清代著名学者纪晓岚机敏善辩，智慧过人。有一次，乾隆帝想开个玩笑，以此来为难纪晓岚，便问他：“纪爱卿，忠孝怎么解释？”

纪晓岚答：“君要臣死，臣不得不死，此为忠。”

乾隆帝立即说：“那我以君的身份命你现在去死！”

“这……”纪晓岚没料到乾隆帝竟然会这么说，稍作停顿后道，“臣领旨！”

“你打算怎样死？”

“跳河。”

“好，去吧！”

但纪晓岚离开片刻后，又跑了回来。

乾隆帝问：“纪爱卿，你怎么没死？”

纪晓岚答：“我碰到了屈原，他不让我死。”

“此话怎讲？”

“我到河边正要往下跳时，屈大夫从水里出来，拍着我的肩膀说：‘晓岚，你这就不对了。楚王是昏君，我才不得不死。你应先问问当今皇上是不是昏君，如果皇上说是，你再死也不迟啊！’”

凭着这些话，纪晓岚不仅抵挡了皇帝的“圣旨”，还摆脱了困境，一场尴尬在轻松幽默中烟消云散。

在遇到尴尬的时候，与其严肃地解释，不如以幽默的方式化解。这样，大家都能在会心一笑中让一切化为无形。这样的方式比全力解释要强很多，也更易为众人所接受。所以，我们要学会以幽默应对尴尬，让尴尬变得不再可怕。

宋代有位石学士，一天，他去游报宁寺，因牵马的人失手，石学士从马上跌了下来。众人大惊失色，急忙扶他上马。众人神情紧张，生怕石学士会因此怪罪。不料石学士只是轻轻一挥鞭，对牵马的人说：“幸好我是石学士，如果我是瓦学士，岂不碎了吗？”众人一听，都笑了。

在这个事例中，人们并没有嘲笑石学士坠马的窘态，而是赞赏他那机敏的思维、幽默的口才。

在生活中，我们不可能总是笑容满面，遇到让人尴尬的事是常有的事。这时，如果我们能巧用幽默来化解尴尬，不但能让尴尬立刻消失，还能让人对你的机智和幽默留下深刻的印象。

一位教师第一次到某地上课，不巧赶上了一场大雨。原本打算乘坐的人力三轮车全都不见了踪影，没办法，教师只能徒步赶往教室。

当他撑着雨伞从招待所赶到授课地点时，已经迟到了十分钟。他推开教室的门，迎接他的是几十双清澈而明亮的眼睛。

教师为自己的迟到感到抱歉。他走上讲台，向同学们鞠了一躬，然后说：“不好意思，让同学们久等了。我是来讲《公共关系学》的，但似乎与老天爷的关系没处理好。瞧，他显然一点也不欢迎我……”教师幽默的道歉瞬间引发了同学们的欢笑和阵阵掌声，初次上课迟到的尴尬也随之烟消云散了。

在遇到令人尴尬的情况时，一个恰当的幽默往往能够帮助我们摆脱困窘。昂里艾特·比妮耶曾说：“幽默是我们身体中最理智的部分，是治愈一切的良药。它能驱逐恐惧，帮助我们宣泄对权威的不满，弥补自己的不足，为我们的失败复仇。”

幽默的语言是含蓄的，它能够引导人们深入地思考，让人会心一笑。使用幽默这种语言艺术，既能使平淡的话生动有味，又能使严肃的问题轻松活泼。巧用幽默化解尴尬，是说话艺术中的高级应用形式，这样的说话方式广受人们喜爱。

面对他人的请求，用幽默的方式来拒绝

在人际交往中，我们时常会遇到他人的请求，但并非所有请求都能被满足，有时我们不得不拒绝。但拒绝往往伤感情，因此这时候就需要你展现出高超的说话技巧。在诸多的技巧中，幽默就不失为一个很好的方法。

某市要举办歌唱比赛，一位社会声誉不好又对艺术一窍不通的民营企业家找到比赛主持人说：“我赞助1万元，你安排我当个评委怎样？”

主持人拍了拍对方的肩膀说：“老兄，你钱多得没处花

了吗？这1万元扔在这个比赛上，还不如扔到河里，至少能看到个涟漪呢。”

主持人以诙谐幽默的话语，避开了问题的焦点，巧妙地拒绝了对方提出的要求。

可见，拒绝也可以用幽默的方式。面对别人的要求，无论是赞同还是反对，我们都有权利说“不”。这样，我们既能顾及自己的实际情况，又能以真诚的态度面对对方。

有一次，萧伯纳收到一个小姑娘的来信：“你是我最敬佩的作家，为了表示敬意，我打算用你的名字来命名我的小狗，你同意吗？”

萧伯纳回信说：“亲爱的孩子，读了来信，我颇觉有趣。我赞成你的想法，但重要的是，你必须先同你的小狗商量一下，看它是否同意。”

萧伯纳以幽默的方式表达了自己的拒绝，既避免了直接伤害小姑娘的感情，又让她明白了自己的立场。

面对一些无理的要求，如果明言拒绝，可能会让人难堪。而运用幽默委婉的语言拒绝，则显得婉转含蓄，既表达了自己的拒绝意图，又使对方乐于接受。

在人际交往中，幽默是拒绝别人时不可或缺的手段，它能让“不”说起来不那么困难，听起来更顺耳，想起来更有余味，也能使气氛不那么尴尬。因此，在生活中遇到需要说“不”的时候，我们不妨用幽默的方式说出来。

抗日战争时期，北平伪警司令、大特务头子宣铁吾过生日，硬要邀请国画大师齐白石赴宴作画。

齐白石来到宴会上，环视满堂宾客，略微思索，便铺纸挥洒。转眼之间，一只水墨螃蟹跃然纸上。众人赞不绝口，宣铁吾喜形于色。

不料，齐白石轻轻一挥笔，在画上题了一行字——“横行到几时”，后书“铁吾将军”，然后仰头拂袖而去。

同样的，有一个汉奸求画，齐白石画了一个涂着白鼻子、头戴乌纱帽的不倒翁，并题了一首诗：乌纱白扇俨然官，不倒原来泥半团。

1937年，日本侵略军占领了北平。齐白石为了不被敌人利用，坚持闭门不出，并在门口贴出告示，上书：“中外官长要买白石之画者，用代表人可矣，不必亲驾到门。从来官不入民家，官入民家，主人不利。谨此告知，恕不接见。”

齐白石还嫌不够，又画了一幅画来表明自己的心迹。一般人画翠鸟时，都让它站在石头或荷茎上，窥伺着水面上的鱼儿。齐白石却一反常态，不画水面上的鱼，而画深水中的虾，并在画上题字：“从来画翠鸟者必画鱼，余独画虾，虾不浮，翠鸟奈何？”

齐白石闭门谢客，自喻为虾，并将做官的汉奸与日本人比作翠鸟，幽默泼辣，意义深藏，发人深省。

使用幽默的语言来拒绝他人提出的难以接受的要求，不仅坚持了自己的原则，还能够保全他人的面子，显示出被提要求一方豁达的处世风格。有时候拒绝的话看似胡搅蛮缠，但因为它是用幽默的方式表达出来的，所以能在起到拒绝目的的同时，让对方很愉快地接受。

有朋友求在朝中当官的苏东坡为他谋个差使，苏东坡就幽默地回绝了他：“以前有个盗墓人，掘了第一个墓，发现一个赤身裸体的人，这是王阳孙，因为他主张裸体下葬；掘了第二个墓，发现是汉文帝，这个皇帝不准随葬金银玉器；再掘第三个墓时，掘出了饿死在首阳山的伯夷。盗墓人还想继续掘第四个墓，伯夷说：'别费心了，我弟弟叔齐也无门路！'”听了这个故事，朋友知趣地走了。

拒绝别人的话总是不好说出口，但又不得不说。这时，我们不妨用幽默的方式说出拒绝的话，以消除对方因被拒绝而产生的不愉快感。

用幽默的方式来拒绝别人，不仅能够消除因拒绝给彼此带来的不快，而且能让对方感受到你不予接受的决心，其效果真可谓一石三鸟。我们也可以尝试一下，或许真能收到意想不到的效果。

总之，拒绝是一门学问，也是一门艺术，它能体现出个人的品德、性情和修养。一个懂得以幽默的方式拒绝他人的人，能够在拒绝中传达善意、真挚和坦诚，同时让对方愉快地接受拒绝。

幽默感就是分寸感，开玩笑也要讲究分寸

在人际交往的过程中，轻松幽默地开个得体的玩笑，可以缓解紧张的情绪，活跃谈话的气氛，营造出轻松愉悦的氛围。但如果幽默运用得不恰当或过度滥用，其效果可能会适得其反。

据说，萧伯纳少年时就很懂幽默，且聪明过人。但他经常滥用幽默，语言尖酸刻薄，将人讽刺得颜面无存。有一次，一位朋友在散步时对他说：“你现在的语言确实幽

默风趣。但是大家常常觉得，如果你不在场，他们会更快乐，因为他们总感觉自己比不上你。有你在，大家都不敢轻易开口。你的才华确实比他们略胜一筹，但长此以往，朋友们可能将逐渐离开你，这对你又有什么益处呢？”萧伯纳如梦初醒，从此他改掉了滥用幽默的习惯。

言语交际中的失败有时与滥用幽默有关。滥用幽默不仅会使自己陷入尴尬境地，而且还可能导致他人讨厌并远离你。

无数事实证明，幽默是一把双刃剑，运用得当可锦上添花，转败为胜；但若不分场合和对象，一味胡乱搞笑，则不仅不能达到预期的效果，还会引起他人的不满。

某公司的白经理是一个能力非常强的人，刚过25岁就坐上了经理的位置，不但公司的高层对其十分器重，下属们对他也很是尊敬。不过，白经理有一个先天的“短板”，那就是他的身高，甚至比很多女员工还要矮。尽管白经理平时并没有因此自卑，但员工们总是小心翼翼地避免提及这个话题。

一次，在吃饭的时候，白经理跟副经理讨论起当下热门的汽车款式。小赵端着酒杯走过来，饶有兴趣地坐下加入了讨论。白经理说道：“我看来看去，始终觉得中型轿车更显大气，所以一直在犹豫要不要换一辆。”小赵一听，大笑道：“经理，您真逗！您要是买个中型轿车，那我立马送您一把梯子，让您随时带着备用！”虽然白经理平时也爱跟下属开玩笑，但这时只有小赵一人在哈哈大笑，副经理也面无笑意。小赵这才意识到自己说错了话，赶紧解释道：“不，白经理我不是那个意思。我就是随口开个玩笑。”可这个随口的玩笑，却让白经理对他产生了反感。

幽默本身并无罪过，但如果将取乐的对象对准自己的上司或长辈，那么结果往往不是“搞笑”，而是给自己挖了一个坑。从上面的事例可以看出，玩笑并非可以随意乱开，不分场合和对象地胡乱调侃，而是需要掌握好“度”。否则，你的玩笑可能变成嘲笑。

凡事均要讲适度，幽默亦如此。纪伯伦曾这样说过：“幽默感就是分寸感。”因此，在运用幽默技巧的时候，务必讲究分寸。

1.内容高雅

幽默的内容取决于玩笑者的思想情趣与文化修养。内容健康、格调高雅的笑料，不仅能给对方以启迪和精神享受，还能塑造自己美好的形象。如果语言不当，不仅会使语言环境充满污浊之气，对他人也是一种不尊重或侮辱，同时也暴露出你水平不高、情趣低俗。此外，值得注意的是，千万不要拿他人的隐私或者道德品质开玩笑，以免让对方觉得你的快乐是建立在他们的痛苦之上，从而产生一种被利用的感觉。开玩笑时，应选一些知识性、趣味性的话题，这样才能达到意想不到的效果。

2.态度友善

这是幽默的一个原则。开玩笑的过程是感情相互交流传递的过程，如果借着开玩笑对别人冷嘲热讽、发泄内心厌恶、不满的情绪，那么除非是傻瓜才识不破。也许有些人不如你口齿伶俐，表面上你占到上风，但别人会认为你不尊重他人，从而不愿与你交往。

3.注意场合

要想成功地运用幽默，还要注意大环境。只有当幽默的内容适合当时的场合，才能体现出幽默的价值；反之，一些不合时宜的话则会让人感到别扭甚至反感。一般来说，在发生重要事件的严肃场合或葬礼等带有悲伤气氛的场合，都不宜讲笑话。

4.分清对象

俗话说：“人上一百，形形色色。”人的年龄、身份、性格不同，对幽默的承受能力也不同。对身边的人或亲近的人开几句玩笑往往无伤大雅；但如果对方的年龄或身份比自己的高，如长辈、上级或者专家等，则一定要慎重考虑幽默的话语和方式；幽默还要注重性别、性格等差异，如与男性开玩笑时，空间大、尺寸也易掌握；而对女性，特别是年轻女性，则要特别注意，不要引起对方的反感或者误会；对性格外向的人和性格内向的人，也要有所区分。

总之，幽默不是恶搞或简简单单地逗人一乐。在运用幽默技巧的时候，一定要把握分寸，这样你才能成为受大家欢迎的人。

第四章

有效说服，世界都听你的

权威效应：权威最易令人信服

权威效应，又称为权威暗示效应，是指一个人要是地位高，有威信，受人敬重，那他所说的话及所做的事就容易引起别人重视，并让他们相信其正确性，即“人微言轻、人贵言重”。“权威效应”的普遍存在，首先是由于人们有“安全心理”，即人们总认为权威人物往往是正确的楷模，服从他们会使自己具备安全感，增加不会出错的“保险系数”；其次是由于人们有“赞许心理”，即人们总认为权威人物的要求往往和社会规范相一致，按照权威人物的要求去做，会得到各方面的赞许和奖励。

美国的一位心理学教师进行过一个关于权威效应的心理实验。他找到一个学习化学的班级，并请该班的教师向学生介绍说：“这位教授是国际知名的化学家，最近他研究出了一种新的化学品。由于我与他很熟悉，今天特地邀请他来为同学们展示这项新的研究成果。”于是，“国际知名的化学家”拿出一个里面装有透明液体的瓶子，告诉同学们他正在研究一种化学药品的感知效应，这种新药的味道可以在空气中迅速传播，但只有对化学药品有敏锐感知的人才能通过空气感受到。然后，他打开瓶子，同学们屏息，用心体验“只有对化学药品有敏锐感知的人”才能感受得到味道。接着，大家开始谈自己的感受。有的说，这是一种与过去所有的化学药品的味道完全不同的东西；有的说，教授打开瓶子后，立即就会感受到一种由前至后扑鼻而来的清香。全班没有一位同学表示不同的看法。待大家讨论得差不多了，“国际知名的化学家”告诉同学们：他不是什么化学家，而是本校的一位普通的心理学教师，瓶子里装的不过是从学校自来水管里流出的自来水。

这一实验结果令人惊讶，为何本无任何气味的自来水，学生们却可以闻出味道来呢？这是因为学生们对权威的信任和遵从，使得他们对“权威”的化学家的话没有表示任何怀疑。在实际应用中，如果你想劝说他人支持自己的行动与观点，恰当地利用权威效应往往能取得显著的效果。

一位顾客来到电器商店买冰箱，他挑来挑去总是不满意。两位推销员围着他转了一上午，也没有找到一款符合他要求的冰箱。

“先生，根据您的需求，您左边的那款冰箱在功能、型号、材质和安全系数上都是最适合您的。”一位推销员最终说道。

“看来也就这款了，你们就没有更好的吗？”顾客仍显不满。

“先生，这款冰箱集本领域最先进的科技于一身，在国内产品中，没有哪一系列的冰箱能与它相提并论。”

“但是这种暗红色太老气了。”顾客看着冰箱喃喃地说。

“其实这种红色很显档次的，是国际知名设计大师为了使冰箱能够衬托出家具的整体美感而特意调配。当然，我们还有白色、浅绿色、米黄色等颜色，您喜欢哪种颜色呢？”

“那些颜色听起来也不怎么样。”

“所以，您一开始的选择是最正确的，与设计大师不谋而合。”推销员立即迎合。

最终，这位挑剔的顾客终于下定决心购买这款暗红色的冰箱。

在上述例子中，推销员就是巧妙利用了权威效应的影响，赢得了客户的认可。

人们往往对权威有崇拜、信任的心理。当感到自己人微言轻，对方不愿意接受自己的批评和劝告时，不妨在劝说中引用可靠的资料、对方钦佩的名人格言、上级的意见或某项政策条文等信息，这样比叙说个人的观点更具说服力。引用权威信息可改变对方的轻蔑态度，克服其不屑一顾的心理。

孙伟是做健身器械生意的。一次，他电话约见一位新客户。从电话沟通中，孙伟感觉这位客户要求严格，不好对付，所以，去之前就做好了非常全面的准备。

到达客户公司后，因为准备充足，所以在介绍产品的时候，孙伟说得很精彩，对客户的问题也回答得很到位，客户的意见他也用笔记本记了下来。客户对孙伟的认真态度很满意，对产品仍有疑虑。最终，客户只是说还要考虑下，会尽快回复他。

回去后，孙伟开始反思问题所在。在深思熟虑后，孙伟再次约见客户，并将一份资料拿给客户看，自己在一旁对资料做辅助介绍。这次，客户看完资料后，毫不犹豫地决定签约。

原来，那份资料是孙伟与客户所在行业中某家龙头企业的合作报告，并附带了该行业内权威专家的评价。客户了解了这些权威的资料后，终于打消了疑虑，放心地做出了购买的决定。毕竟有行业权威的推荐和认可，自己根本不需要有太多的顾虑。

由此可见，在劝说他人支持自己的行动与观点时，恰当地利用权威效应，不仅能节省很多精力，还能收到非常好的效果。

权威本身就意味着力量，借用权威的力量可以让他人信服。在人际交往中，给自己冠以权威的头衔或者使用象征某种权威的身份标志，都能让人刮目相看，赢得人们的敬仰、信服和赞同，使他们改变态度和行为来屈从于我们的暗示和建议。

权威是一种可以诱导他人的心理暗示，也是最常见的说服技巧之一。在人际交往中，适当利用权威效应可以使人们更加支持和相信自己的看法和行动，从而达到引导或改变对方态度和行为的目的。

攻心为上，利用情感技巧说服对方

《孙子兵法》说：“攻城为下，攻心为上。”这是一切兵法的核心思想，也是一条历练口才的至高无上的原则。一位西方宣传理论家指出：单靠理性论据去说服人，过程太长且往往还靠不住。真正有效的策略是首先对情感发生影响。说服别人动摇、改变、放弃己见或信服、同意、采纳你的主张，这实质上是一场从精神上征服人心的战斗，但又不能使对方产生丝毫被迫接受的感觉。

说服别人，在很大程度上，可以说就是情感的征服。只有善于运用情感技巧，动之以情，以情感人，才能打动人心，以至说服别人。感情是沟通的桥梁，要想说服别人，必须跨越这座桥梁，才能到达对方的心理堡垒，征服别人。在劝说别人时，应推心置腹，动之以情，讲明利害关系，使对方感受到你的劝告并不抱有任何个人目的，没有丝毫不良意图，而是真心实意地帮助对方，真正地为他的切身利益着想。

第二次世界大战期间，利维在美国经营一家影片进出口公司。

有一次，利维到英国去洽谈生意，伦敦的一家公司邀请他去看该公司正在研制的一种电视试播引导，也就是如今的闭路电视。利维一下子对这种设备产生了极大的兴趣，因为它让每个人都能看到自己喜欢看的节目。于是，他着手组建班子来研究闭路电视。

利维的新产品研制小组有三位主要专家，其中有一位叫弗兰克。他脾气很怪，性情暴躁，动辄就和别人争吵，几乎和研制组的人都吵遍了，连利维也不例外。

可自从发生了一件小事后，他就对利维感激不已，并且言听计从了。事情是这样的：

一天，为了一个实验问题，弗兰克与另一位助手争执不下，大动肝火，拍桌子，摔东西。利维过去劝阻被弗兰克大骂了一顿。正在他们闹得不可开交时，弗兰克的小女儿走进了实验室。小女儿看见她爸爸那怒发冲冠的样子，吓得哭了起来。

弗兰克见状，再也顾不上同别人吵架，赶忙跑过去，赔着笑脸，哄女儿开心。

看到这一情景，利维心里猛地一亮：弗兰克虽然看谁都不顺眼，但对小女儿却是百依百顺，视女儿为掌上明珠，不难看出这小女儿是他的主要精神寄托。

为了使弗兰克有充实的精神生活，利维立刻在公司附近为他租了一幢非常漂亮的房子，好让他和女儿生活在一起。

当时，利维手头的资金十分紧张，但在这种情况下，他还为弗兰克租房。这使弗兰克心里很是过意不去。因此，尽管利维再三动员他搬进新居，他坚持不搬。

利维说："搬不搬家，恐怕由不得你了。"

"什么？"弗兰克提高了嗓门，"我自己不愿搬，你还敢强迫我不成？"

"我当然不敢强迫你，不过，你的千金安妮已替你做主了。"利维继续说，"她说你心情不好，容易发脾气，这会伤身的。如果她能住在附近照顾你，你就不会发脾气了。起初，我也拿不定主意，可是安妮最后还说：'我爸爸多可怜呀，我不能让他再忍受孤独了。”

听完了这番话，弗兰克热泪盈眶，最终顺从了利维的安排，搬进了新居。

利维利用触动亲情的方法终于说服弗兰克搬进了新居，这为他以后更好地与弗兰克合作打下了基础。在事例中，利维针对父母对子女的深爱心理，发动攻势，从而达到了自己的说服目的。

唐代诗人白居易曾说：“感人心者，莫先乎情。”感情是打动他人的有力武器。说理可以服人，诉情则可以感人。富有感染性的语言，必定能引人入胜。

现代研究证实，人的言行是由情感决定的，情感的号召力往往比理性的号召力大。在日常生活中，需要说服他人的情形很多：无论是在失意或反抗的时候，还是在需要金钱或支持的时候，为了让对方和你的想法同步，你常常需要借助情感来打动对方。

郭沫若先生在游览普陀山时捡到一本笔记本，扉页上写着一副对联：“年年失望年年望，处处难寻处处寻”，横批：“春在哪里”。再翻一页，竟是一首绝命诗，并署着当天的日子。后来，郭老找到了一位神色黯然的姑娘，原来她考大学连续3年名落孙山，生活上又遭受了挫折，感到悲观失望，准备“魂归普陀”。郭老先称赞对联有文采，接着微笑着问：“我替你改一改，你看如何？”然后深情地吟道：“年年失望年年望，事事难成事事成，横批是‘春在心中’。”听了郭老改的对联，姑娘感受到了长辈的关怀，终于向郭老倾吐了心中的郁闷。郭老邀她同游普陀山，边走边热情地与她交谈。当姑娘知道面前这位循循善诱的长者就是一代大师郭沫若时，内心充满了惊喜与感激，不禁吟诗感谢恩师指点迷津，随后又重新鼓起了生活的勇气。

这个故事教给我们一个说服人的好方法，就是以情感人。这位姑娘之所以绝望，是因为感到天地之间没有真情，只有冷酷。因此，她觉得人世没有什么可留恋的，于是萌生了轻生之心。可是，现在她从这位一代大师身上感受到了人间的温暖，当然就会重新萌生对生活、对世界的爱，重新鼓起生活的勇气。

俗话说“‘通情’才能‘达理’”，没有心理上的沟通做基础，即使有理，也达不到说服的目的。情至而心动，情至而人服。动之以情，可以激发人内心深处温暖的情感，将有助于扭转劣势。

在劝说别人时，应推心置腹、动之以情。白居易曾写过这样两句诗：“功成理定何神速，速在推心置人腹。”千百年过去了，以情来感动他人的原则仍然没有改变。要想说服别人，就要设法动摇对方的心理防线，巧妙刺激对方的情感和情绪。人是有感情的动物，感情的力量往往会超越利益的驱使。

换位思考，更容易说服对方

说服的最佳结果是双方达成共识，这需要启发对方进行心理位置互换，设身处地地体验对方的心理感受，主动调整自己的态度和行为方式，这种说服方法就是换位思考。

换位思考是说服的基本方法之一。想要说服别人，不妨设身处地地以对方的立场为出发点，发掘对方的需求、情感，找到对方所关注的利害关系，使被说服者意识到自己的观点、做法将会带来什么样的后果。这样，就能紧紧抓住对方的心，从而实现说服对方的目的。

某保险公司的推销员来拜访王先生。他一进门便开门见山地说明来意：“王先生，我这次是特地来请您和太太及孩子考虑投人寿保险的。”

王先生毫不客气地一口回绝：“保险是骗人的！”不料，推销员并未生气，仍微笑着问道：“哦，这还是第一次听说，您能给我详细地讲一讲您的看法吗？”王先生说：“假如我和太太投保3000元，3000元现在可买一部兼容电脑，20年后再领回的3000元，恐怕连部彩色电视机都买不到了。”推销员又好奇地问：“这是为什么呢？”

王先生很快地回答：“一旦通货膨胀，物价上涨，就会造成货币贬值，钱就不经花了。”推销员又问：“依您之见，10年或20年后一定会通货膨胀吗？”王先生迟疑了一会儿说：“我不敢断定，依最近两年的情形来看，会有这种可能的。”推销员接着问：“还有其他因素吗？”王先生支吾了一下说：“比如，受国际金融市场波动的影响，说不定……”接着推销员又问：“还有没有别的因素？”

王先生终于无言以对。通过这样的问话，推销员对王先生内心的忧虑已基本了解。于是推销员首先维护王先生的立场：“您的见解有一定的道理。假如物价急剧上涨20年，3000元不要说连彩色电视机都买不了，恐怕只够买两棵葱了。”王先生听到这里，心里很高兴。接着，这位精明的推销员给王先生解释了影响物价的各种因素，进一步分析了通货膨胀，最后指出以王先生的才能和实力，收入有望大幅度增加。对于这些话，王先生不止一次听别人说过，但总没有今天感觉如此亲切。最后推销员又补充道：“即使物价上升，有保险总比没有保险好。况且我们公司早已考虑了这些因素，顾客的保险金是有利息的。当然！我这么年轻在您面前讲这些，实在有点班门弄斧，还望您多多指教……”经他这么一说，王先生开始面带笑容，与他相谈甚欢。当然，这位推销员成功地说服了王先生。

在这个事例中，推销员站在客户王先生的立场上考虑问题和阐述问题，打消了王先生的疑虑，使之最后接受了建议。事实表明，设身处地地为别人着想，站在别人的角度上思考问题和阐述问题，能赢得对方的好感，从而大大增强自己的说服力。

换位思考是站在对方的角度来谋划和考虑，了解他的心理，了解他的需求，了解他的困难，这种说服方法容易使对方接受，并达成共识。对于不易说服的人，最好的办法就是让他相信你是和他站在同一立场上的。

说服者要使对方完全心悦诚服地顺从，必须真心地从对方的角度去解决问题，让对方觉得听从你的劝告完全没有坏处。

迈克毕业于美国南部一所著名大学的商学院。刚毕业的迈克意气风发、踌躇满志，立志要干一番事业，做成功人士。可刚工作了三个月，他就觉得自己已经无法在公司生存下去了，于是，他决心辞职。这件事情被他的好朋友杰夫知道了。

“你们公司很有名气，我觉得你在公司的发展空间很大，为什么一定要辞职呢？”杰夫问道。

“我们部门的同事都是小心眼儿，个个鼠目寸光。所有的同事都看我不顺眼，处处跟我过不去。最重要的是，经理是个无能之辈，在他手下，我没有出头之日，迟早要废掉！我已经忍无可忍了，要是不辞职的话，迟早要崩溃。”迈克愤愤不平地说。

“为什么这么说呢？”杰夫问。

“经理总是把活都给大家，自己什么都不干，你说他有什么本事？同事总是给我很多的活，这明明是欺负我嘛！还有，他们总嘲笑我。你说，我能不辞职吗？我要是再干下去，要不了多久就会崩溃！”迈克激动地说。

“如果你是经理，你会怎么做呢？”杰夫说。

“我不知道，我也没必要知道，我又不是经理。”迈克回答。

“你从商学院毕业，应该明白，作为管理者，经理的主要任务不是冲锋到一线去，而是要解决下属工作中的困难，为本部门争取到更多的资源。他要像其他人一样什么都干，那么，他就不是管理者了，就成了员工。这是由经理这个职位决定的。”杰夫说。

“可是，他总不能把所有事情都推给我们干吧？”迈克语气虽然有些缓和，但还是一脸的不服。

“那你说他每天都干些什么？是喝茶、看报纸、聊天吗？我想不是。你得站在他的位置上想想，为了协调部门内部的工作，他需要做些什么；为了协调部门间的工作，他又需要做些什么；为了解决下属遇到的问题，他需要采取什么措施；还有，他还要预测工作中将会出现的问题。这些都是他的职责，他怎么能什么都没干呢？”杰夫反问道。

迈克开始沉默。慢慢地，他意识到了自己的错误，坦诚地对杰夫说：“谢谢你，杰夫，我决定继续在这个公司工作下去！”

在上述事例中，杰夫就是利用换位思考的方式说服迈克的。他让迈克站在经理的角度考虑问题，从而达到了说服的目的。所以，要想将别人说服，就必须善于换位思考，懂得站在对方的立场上考虑问题，这样你才能达到最终的目的。

美国汽车大王福特说过：“假如有什么成功秘诀的话，那就是设身处地替别人着想，并了解别人的态度和观点。”这样不但能增进你与对方的沟通和理解，而且你能更清楚地了解对方的思想轨迹及其中的“要害点”，进而瞄准目标，击中“要害”，使你的说服力大大提高。

在说服的过程中，只有做到站在对方的位置、顾及对方的利益，设身处地地思考问题，才能使说服的语言更得体、更有效、更容易打动对方的心灵。

一位哲人说过：“人们只有知道你有多在乎他们，才会在乎你的想法。”你为对方着想，对方才会为你着想。说服也是一样，只有从关怀对方的角度出发，才能赢得对方的认可。

巧用激将法，顺利达成目的

所谓“激将法”，指的是用带有刺激性的语言，激发对方的某种情感，让对方的情绪受到震撼，并在冲动情绪的驱使下，顺着我们的指引行事。

俗话说：“树怕剥皮，人怕激气。”当人的自尊、能力、荣誉和名声等面子问题，受到了强烈的刺激时，往往会引起情绪爆发。在说服他人的过程中，基于人们的这一心理特点，我们可以利用一些略带贬损或不太公正的话来刺激对方，让对方的情绪受到震撼，进而说服对方改变原来的立场和态度，以达到激将的目的。

唐天祐年间（公元904—907年），叛臣朱全忠用计诱骗五路兵马反叛驻守太原的唐晋王李克用。叛军中有一员猛将高思继，异常勇猛，且善用飞刀，能百步取人性命，后来被晋王李克用的十三太保李存孝生擒。李克用本意留他在帐前听用，可高思继却执意要回山东老家过“苦身三顷地，付手一张犁”的田园生活，想要改过迁善。后来，李存孝被奸臣康立君、李存信所害，朱全忠知道李存孝已死的消息后，又发兵来犯，帐前王彦章不仅勇猛盖世，且智谋过人。晋王将士皆束手无策，无人请战，晋王见状，痛哭一场。在这种情况下，长子李嗣源说道：“昔日降将高思继闲居山东郓州，何不请他迎敌？”晋王闻言大喜，遂命李嗣源前往山东求将。

李嗣源来到山东郓州，直奔高家庄寻高思继。提起往事，高思继说道：“自勇南公存孝擒我，饶了性命，回到老家，与世无争，今已数年，早把兵家争战之事置之身外。今日相见，别谈这些。”

李嗣源见高思继已无出山之意，心想：“自古道‘文官言之，武将激之’，对高将军好言相求，难以收效，就须巧用激将之法，激其就范。”于是，他编出一通谎言，说道：“天下王位，各镇诸侯，皆闻将军之名，如雷贯耳，称羡不已。我与王彦章交兵，被他赶下阵来。我对王彦章说：‘今来赶我，不足为奇，你如是好汉，且暂时停战。我知道山东浑铁枪白马高思继，盖世英杰，有万夫莫当之勇，待我请来，与你对敌。王彦章见我阵前夸耀将军，愤然大叫：‘就此停战，待你去请他来。不来便罢，若到我这宝鸡山来，看我不把他剁成肉酱！’”

高思继被这番话激得心头起火、口中生烟，大叫家丁：“快备白龙马来，待我去生擒此贼！”遂披挂上马，辞家出山，往宝鸡山飞驰而去。

高思继和李嗣源快马加鞭，日夜兼程，赶到唐营。唐晋王喜出望外，三军将士亦是异常振奋。第二天，王彦章又来挑战，唐晋王引高思继出马迎战。高思继与王彦章厮杀起来，连斗三百回合，难分胜负。直战到天黑，双方见天色已晚，才鸣金收兵。这次战成平手，却是唐营兵马出师以来的第一次，唐军军威大振，信心大增，兵士们个个摩拳擦掌，准备来日再战。

在这个事例中，高思继本来已决心弃武从耕，在田园中安度晚年。但当李嗣源用谎言激他时，他却毅然披挂上马，重返战场，与对手一斗就是三百回合。可见，激将法的确是说服他人的一个重要手段。

激将法是通过触发对方的自尊心和好胜心而达到目的的说服技巧。人们都有逆反心理，你越不让他干什么，他偏干什么，尤其是在气氛激烈的情况下，对于那些好胜心强并且脾气暴躁的人，用“激将法”来达到说服他的目的是最好的办法。

将激将法巧妙地用到说服中，往往可以促使人改变原来的立场，化解分歧，从而达到目的。

某公司改革用人制度，决定对中层干部张榜招贤。招贤榜贴出后，大家都看好能力、技术俱佳的技术员小陶。然而，由于某种原因，小陶却犹豫要不要“揭榜”。公司总经理找到他，直言相激：“小陶，你不是考上大学的高才生吗？我以为你挺有出息的，没想到你连个部门经理的位子都不敢接，我以前真是高看你了！你就是个庸才！”

“我是庸才？”总经理的话音未落，小陶就跳了起来，说，“我非干出个样儿来不可。”他当场揭榜竞聘了部门经理。

这是使用“激将法”的一个典型例子。总经理抓住小陶的心理，狠狠地泼了他一盆冷水，小陶在愤怒之下迸发出了勇气与力量。

事实证明，激将法是一种强有力的说服技巧。但在使用时要看清楚对象、环境及条件，不能滥用。同时，运用时要掌握分寸，不能过急，也不能过缓。过急，欲速则不达；过缓，对方则无动于衷，无法激起其自尊心，也就达不到目的。

说服高手，都是讲故事的好手

真正的说服高手，都是讲故事的好手。美国前总统里根曾说：“用故事或比喻诚挚地表达心意，要比用枯燥的事实或科学原理更能打动听众。”讲述故事是人们喜闻乐见的一种沟通交流的方式。故事具有连贯性和完整性，富有吸引力和感染力，它生动曲折的情节进程和丰富深刻的思想内涵，能够产生强烈的吸引力和深刻的启示。说服他人时，如果能插入一些小故事，就能增强语言的生动性和启发性。

讲故事是说服他人接受自己观点的有效工具。心理学认为，主观色彩浓厚的言辞，往往缺乏说服力，而罗列数据，很容易被人忽视，但是，如果把得当的言辞和翔实的数据融入精心挑选的故事，那就可以直击人心。

一位保险推销员在给一对已经为人父母的客户推销保险的时候，给他们讲了这样一个感人的故事。

有一天，一对中年夫妇带着17岁、11岁的两个儿子到郊区游玩。途中经过一处风景优美的地方，他们停下来准备拍照留念。家人都是从左手边的门下车的。开车的爸爸坐在驾驶座上，需从右边的车门下车。他正要下车的一刹那，后面一辆高速驾驶的摩托车把他撞倒了，他腿部受了重伤，导致大量出血，马上被送往医院急救。一家人去游玩，本应其乐融融，结果竟然发生了这样的意外，真是让全家人感到悲伤。

被送往医院急救的爸爸需要马上输血，但符合血型的只有11岁的男孩次郎。

医生问：“为了救你的父亲，可以抽取你的血吗？”

次郎思索了一下，点了点头，说：“可以。”

爸爸的生命已经没有危险了，家人听到这件事情都非常感动，对他说：“次郎，你真了不起。你想要点什么作为奖励？”

刚献完血的次郎一脸苍白，静静地坐在房间的角落里：“我什么都不要。”

“为什么呢？次郎，你救了爸爸，这是多么了不起的事情啊，不管你提出什么要求，我们都会满足你的。”

次郎想了想，说：“我真高兴能救了爸爸，但我还有几分钟会死呢？”

原来这个小男孩误会了，他以为输了血救爸爸，就会牺牲掉自己的小生命。在这种内心恐惧的状态下，他还毅然献出他的“生命”。

当故事讲到这里，关键的转折就出现了。这个时候，推销员转过来问客户：“为人父母的你们，能为孩子做些什么呢？钱是买不到爱的，但你们可以在金钱里融入你们的爱，这就是保险。”

一个感人的故事，说服了这对父母。

适宜的好故事，胜过一千遍、一万遍说教的力量。故事有时产生的感染力是无穷的，它就像巫师手中的魔法石，能产生让对方无法抗拒的魔力，甚至为你省去千篇一律的烦冗且毫无吸引力的说辞。

要想说服一个人是很难的，对于那些自信、自负的人，对于那些冥顽不灵的人，更是如此，因为每个人都习惯于坚持自己的意见和主张。但是，在很多时候、很多的场合下，又必须要说服他。为了让对方心悦诚服，在说服对方时，人们便不得不积极寻求技巧，讲故事这种说服技巧就受到了说服者的钟爱。一个好故事能引人思考，能调动每个人大脑里本来就有的思维记忆，建立心理共鸣。

战国时期，齐、楚、燕、秦、韩、赵、魏七国被称为“战国七雄”。其中，以秦国实力最强。

有一次，燕国与赵国因边界问题发生冲突。赵国想出兵攻打燕国。当时正在燕国做官的苏代听到这一消息后求见燕王，请求到赵国去说服赵惠文王，化解矛盾，求得和平。燕王同意了苏代的请求。

苏代来到了赵国。赵惠文王知道苏代是来游说的，本不想见他，后来经过大臣的一番工作，还是接见了他。

苏代见了赵惠文王，首先表示了自己的敬意，但他绝口不提燕赵间的边界问题，而是与赵惠文王闲聊。他对赵惠文王说：“大王，我来贵国的途中，曾见到一件有趣的事，不知您愿不愿意听？”

赵惠文王有些好奇，便笑了笑说：“先生都认为有趣，那肯定是有趣的，不妨讲一讲呀！”

于是，苏代就慢慢地讲起来：“我来时，经过易水边，见沙滩上有一只大蚌正在晒太阳，它把那两扇壳缓缓地张开。没想到的是，旁边正有一只鹬鸟偷偷地注视着它。见这机会，鹬鸟赶忙用那又长又尖的喙啄蚌的肉。说时迟，那时快，大蚌急忙收紧贝壳，一下子就钳住了鹬鸟的长喙。鹬鸟迅速地将喙往外拔，但无论怎么用力，大蚌都紧紧地夹住。鹬鸟生气了，对大蚌说：‘今天不下雨，明天不下雨，马上就会有死蚌哟！’大蚌也毫不示弱，说道：‘今天不让你的嘴出来，明天还不让出来，很快就会有死鹬啊！’

“蚌与鹬僵持着，谁也不让谁。正巧这时来了一位渔翁，他见鹬不飞，蚌不动，高兴极了，随手就把它们逮起来，放在了自己的鱼篓里了。”

赵惠文王听得津津有味，好奇地问道：“先生不简单呀，怎么能听懂这些动物的语言呢！”

苏代微微一笑，马上把话题一转，意味深长地叹了口气：“大王呀，现在贵国与燕国的形势也与这很相似啊！我担心你们僵持起来，这样只会有利于秦国。秦国会不费力气地坐收渔翁之利。大王可要三思啊！”

听到这里，赵惠文王才明白苏代讲这个故事的真实意图。他点了点头，答应再认真考虑。思虑再三后，他最后放弃了进攻燕国的打算。

可见，一个生动的故事可以产生巨大的说服力。在进行说服时，我们应该懂得多使用故事来帮助我们达到说服的目的。

通过讲故事说服别人会收到令人意想不到的满意效果。人们不喜欢总是听到理论，却喜欢听故事。我们是听着故事长大的，其中的道理不言而喻。在谈话的过程中，适当穿插一个小故事，能有效地活跃谈话气氛，令人置身其中，感同身受。

其实，在商务谈判中，在课堂上，在个人交往中，在企业为顾客的服务中，在家庭生活中……插入一个关于自己或他人的真实故事，若恰当使用，就能赢得对方的心，产生更大的影响力。与空洞的说教、令人生厌的大量数据相比，讲故事更能赢得对方的认可，起到事半功倍的效果。

总之，故事是连接人与人之间情感的神奇方式，通过讲故事说服他人，可以传神地将你的意念传达给对方、深深地影响对方。

打数据牌，让你的说辞有理有据

数字不仅是一种语言符号，也是一种信息载体。我们生活在数字的世界里，我们每天所见、所闻与所思的一切，几乎没有不涉及数字的。数字是用来显示某种情况下统计结果的，因此，它们能给人们留下深刻的印象，并且极具说服力，容易把理说透。

尤其是它有证据的效应，这是孤立的事件所不可比拟的。如果在说服过程中能巧妙地运用数字，将会取得事半功倍的效果。

一对热恋的青年决定结婚，在婚事的安排上却出现了分歧。女方总嫌男方太小气，两人为此闹得很不愉快。不得已男方打出了数据王牌，给她算了一笔总账。他说：“结婚是人生大事，喜酒是不能不办的。你我双方的亲戚朋友是不能不请的，因此没有15桌酒席是不成的，若每桌800元，总共需要1.2万元，这笔钱是省不下来的。

“家具是必须要买的，你上次看到的那套家具，虽说要1万元，但我认为结婚是一辈子的事，买家具钱也是省不下来的。

“另外，彩电、洗衣机、空调、电冰箱等家用电器也是要买的。不然怎么叫现代化呢？这些全买齐了，少算也得8万元。

“还有衣服、首饰、床上用品等，这些七零八碎的开销，又得5万元。你算一下总共要花多少钱？”

女青年一算：“这可要花近13.2万元。”

男青年说：“结婚后，就算每月省下500元，要还清这些债得多长时间啊！”

女青年一算：“那得22年！”

男青年接着说：“再过22年，你我都岁数大了，再说了，我们还要不要孩子？有了孩子，还能省下这些钱吗？”

女青年从来没算过这笔账，这么一算，她沉默了。最后女青年被说服了，于是按现有的财力重新计划他们的婚事了。

这就是数字的说服力，数字比其他说服技巧更能深入人心。如果能巧妙地加以利用，就能发挥出意想不到的作用。马克思说过：“一种科学只有在成功地运用数学时，才算达到真正完善的地步。”说话时，借助数字和数学方法对客观事物进行精确计算和定量分析，有助于人们准确地掌握情况，进一步加深理解。因此我们应学会用数字说话。

在推销的时候，用数字说话也有很好的作用。客户对推销员本能地存在一种怀疑心理，这时候如果推销员能够拿出一系列统计数字，用数字来说话，相对来说就更容易说服客户。

一位销售人员正在向顾客销售一台价格不菲的电视机。

顾客：“这台电视实在太贵了。”

销售人员：“您认为贵了多少钱？”

顾客：“贵了1000多元。”

销售人员：“咱们现在就假设贵了1000元，先生您能否认可？”

顾客：“认可。”

销售人员：“先生，如果买了这台电视机，您肯定打算至少用10年以上再换吧？”

顾客：“是的。”

销售人员：“那么，就按使用10年算，您每年也就多花了100元，您说是不是这样？”

顾客：“没错。”

销售人员：“1年多花100元，那每个月该多花多少钱？”

顾客：“喔！每个月大概8块多点吧！”

销售人员：“好，就算是8块5吧。您每天至少要用一次吧？”

顾客：“有时更多次。”

销售人员：“我们保守估计为每天用一次，那也就是说每个月您将用30次。所以，假如这台电视每月多花了8块5，那每次就多花不到3毛。”

顾客：“是的。”

销售人员：“每次使用多花不到3毛，清晰的画面却能让您看得更舒服。这台电视从画质到色彩、从功能到外观都很突出，您不觉得很划算吗？”

顾客：“你说得很有道理，那我就买下了。你们是送货上门吧？”

销售人员：“当然！”

用数字说话，既显得专业，又能让人产生信任感，因为很多人往往确信数字。英国政治学家迪斯莱曾说：“谎言有三种，单纯谎言、令人讨厌的谎言和统计数字。”然而，在讲话中使用数字，可以将讲话内容变得更加丰富具体，使用翔实的数字、数据可以让你所说的话显得更加真实，更加有说服力。内容明确、具体、实在，才能让别人感兴趣。如果只是笼统地介绍，往往会让人觉得不可信赖。

总之，数字的说服力是很惊人的。如果你想让自己的话有说服力，可以列出具体数据，因为仅有漂亮的词藻而无实质内容的话是难以打动人的。

第五章

曲径通幽，有些话最好绕弯子说

曲线攻击，人人都要学会转弯的艺术

运用迂回委婉的语言，是一种巧妙、艺术的表达方式。巧妙地运用委婉迂回的语言，看起来似乎轻描淡写，却能帮助我们避免尴尬，让对方乐于接受我们的观点和建议。在社交过程中，当你很想表达一种内心的愿望，但又难以启齿时，不妨使用迂回的表达方法，这样有时要比口若悬河更能有效地传达我们的意图，收到更令人满意的效果。

俄国十月革命胜利后，一些激进的俄国农民拿着火把叫嚷，要用火烧了象征沙皇反动统治的皇宫，仿佛只有这样才能化解他们心中的仇恨。一些有知识的革命工作人员都来做劝说工作，但是都没能起到一点作用。

列宁知道这件事后，马上赶到了现场。面对那些激愤的农民，列宁态度十分恳切："兄弟们，皇宫是可以烧的。但你们在点燃它之前，我有几句话要说，行不行呢？"农民们听了这话，认为列宁并不反对他们烧皇宫，于是便答道："行。"列宁问："请问，原来是谁住在这座房子里？""是沙皇统治者。"农民们大声地回答。列宁又问："那它是谁修建起来的？"农民们坚定地说："是我们人民群众。"列宁继续说："那么，既然是我们人民自己修建的，现在就让我们的人民代表住，你们说，可不可以呀？"农民们十分认同地点点头。列宁再问："那还烧吗？""不烧了！"农民们齐声答道。就这样，列宁的一席话让农民放弃了烧皇宫的念头。

在这个事例中，列宁没有从正面直接劝说农民不要烧毁建筑物，而是用了迂回的方法，让农民放弃了原来的想法。

有些话正面一时讲不通或不方便讲，此时不妨尝试“旁敲侧击”的方法。有时，只有迂回出击，方能主动创造契机，从而达到目的。英国军事家哈利曾说过：“在战略上，漫长的迂回道路，常常是达到目的的最短途径。”

在语言表达过程中，有时候直来直去地说话并不能取得很好的效果，而是需要采取迂回的手段来达到说话的最终目的。对于不宜直言的问题，绕个弯儿表达，有时能让自己化险为夷，产生意想不到的效果。善于运用此法的人，既不得罪人，又达到了自己的目的，可谓是大智慧的人。

一次，一个客人去参加朋友的宴会，主人招待他的菜肴屈指可数。他就向主人借来一副眼镜，称自己的视力不好，看不清桌子上的菜品。戴上眼镜后，他对主人的盛情表示感谢，并称赞主人太破费了，弄了这么多的菜。

主人不好意思地说：“也没什么菜，怎么能说太破费呢？”

客人说：“都一桌子了，怎么还说没什么菜呢？”

主人说：“菜在哪里？”

客人用手指着菜盘说：“这不是菜，难道是肉不成？”

在这个事例中，这位客人面对主人的吝啬不好直接说，于是就采用了迂回的方法，用几句妙语指出了主人的吝啬，无形之中对主人进行了指责，语言风趣，效果独特，耐人寻味。他既表达了自己的不满，讽刺了主人的小气，还给足了对方面子，不使对方难堪。

俗话说得好："怎么说要比说什么更重要。"当面对某件事情不便直接陈述自己的观点时，我们要学会以一种相对委婉的方式表达出自己的意思，这样，既不伤害对方的自尊心，又能清楚地表达自己的意思。

有时，迂回可能要多走一些弯路，多废一些唇舌，多耗一些时间，但总比无功折返好。把话说得委婉一些，学会打语言的"太极拳"，在无形之中，把你的意见和想法委婉地传送到别人的思想中。

从前，有个倒卖香烟的英国商人到法国做生意。有一天，他在巴黎的一个集市的台子上滔滔不绝地大谈抽烟的好处。突然，一位老人从听众中走出来，连声招呼也没打，就走到台上非要讲话。那位商人毫无心理准备，大吃了一惊。

老人在台上站定后，便大声说道："女士们、先生们，对于抽烟的好处，除了这位先生讲的外，还有三个哩！我不妨讲给大家听。"

英国商人听到老人的话，转惊为喜，连忙向老人道谢："谢谢您了，老先生。我看您相貌不凡，说话动听，肯定学识渊博，请您把抽烟的另外三个好处当众讲讲吧！"

老人微微一笑，立刻讲起来："第一，狗见到抽烟的人就害怕，就逃跑。"台下的人感到莫名其妙，商人则暗暗高兴。"第二，小偷不敢到抽烟人家里偷东西。"台下的人连连称怪，商人则喜形于色。"第三，抽烟者永远年轻。"此言一出，台下一阵骚动，商人则满面春风，得意扬扬。

然后，老人话锋一转："女士们、先生们，请安静，我还没说清楚为什么会有这样的三大好处呢！"商人格外高兴地说："老先生，请您快讲呀！""第一，在抽烟的人中，驼背的多，狗一看到他们以为要捡石头打它哩，它能不害怕吗？"台下的人发出了笑声，商人则表情严肃。"第二，抽烟的人夜里爱咳嗽，小偷以为他没有睡着，所以不敢去偷东西。"台下的人一阵大笑，商人则直冒冷汗。"第三，抽烟的人很少有长寿的，所以永远年轻。"台下一片哗然。

此时，大家一看，倒卖香烟的商人早已不知去向。

迂回委婉的表达方式是劝说他人的法宝，它可避免直接的冲突，减少摩擦，使对方更愿意考虑你的观点，而不被情绪所左右。所以，要想取得理想的说服效果，不仅要真诚相待，还要善于动脑，讲究说服的艺术。尤其是当对方固执己见，谁去劝说他都不理不睬的时候，巧妙的办法就是避其锋芒，以迂为直。

迂回委婉是一种说话的艺术。任何一句话都可以"曲"说，任何一种意思都可以委婉地表达。但曲要曲得恰到好处，太曲了，就会变成拐弯抹角，云山雾罩，让别人感到不知所云，反而会让人反感，惹人不快。这就是说，委婉地表达某种想法或某个意思，也是一种需多动脑筋的艺术。在实际运用中，我们也要特别注意这一点。

模糊应对，避免发生冲突

在生活中，我们难免会碰到一些不能面对但又不得不面对的事情，这种时候，“模糊”语言往往能派上大用场。

所谓模糊语言，是指人们运用语言的若干模糊特征，准确地表达思想、情感并进行交流的一种语言表达方式和表达技巧。这样的表达方式可以增强语言在交际中的适应性、灵活性和生动性，也有利于传情达意的准确性。

有一艘豪华客轮满载游客，即将到达旅游胜地的时候，突然慢慢地停了下来。谁也没料到，客轮会出问题。见客轮迟迟不能起航，急于想到达旅游区的游客的心情开始浮躁起来。他们有的围着领队，追问客轮何时能够起航，何时能够顺利地到达，有的则进行责问，更有甚者开始骂骂咧咧，情绪十分激动。这时候，他们的领队镇定自若，面带微笑，不停地向大家打招呼：“请大家别急。客轮只是出了点小问题，修好不费事的，技术员们正在做检查，一会儿就会修好，客轮马上就可以起航！为了大家的人身安全，请大家再耐心等待一会儿，再耐心等待一会儿！”她不断地重复着，游客们的情绪终于慢慢平静下来。

在这个事例中，领队十分了解游客既急于到达旅游区又希望一路平安的心理。她面对游客的追问与责备，没有急躁，也没有给出确切的答复，却用一连串的“一会儿”“马上”等并没有确指的词语给予承诺，然而正是这一模糊语言的运用，使游客们中途平静地滞留了近一个小时，有效地抚慰了游客们不平静的心。

模糊语言并不是含糊其辞，而是按表达的需要故意使语义模糊，以便把语义表达得更加灵活，不死板。如，为了创造轻松、融洽、和谐的气氛，对双方过去不愉快的事不去点破，而是用“由于某大家都知道的原因”这种模糊语句，就能使交谈双方都可以理解和接受。

模糊应对的核心是恰当地使用模糊语言，从而使自己有一定的灵活性，力避被动，争取主动。词语“方便”“最近”“大约”“前后”等均是模糊语言。比如，朋友邀你去他家做客，你却无法确定做客的具体时间，你就可以说“大约在中秋节前后，我一定去一趟”，这样很灵活、得体，你去他家做客的时间可以在中秋节前，也可以在中秋节后。又如，有的单位领导为了纠正某种不良倾向，又不至于使矛盾激化，便使用模糊语言说：“最近一个时期，我们单位的纪律状况总的看来是不错的，绝大多数同志比较自觉，但也有极个别同志表现较差……”这里，“最近”“绝大多数”“极个别”就是模糊语言。

模糊语言有语义范围的宽泛性，反映对象的适应性，语言表达的灵活性与表达效果的严密性等特征。它能适应如下情境：没有必要用精确语言，而只需要用模糊语言；不便于或不允许使用精确语言，而只能用模糊语言；无法使用精确语言，而只能用模糊语言。

有一个青年陪伴未婚妻和她的母亲在湖里划船。未婚妻的母亲一时触景生情，有意试探这位青年：“如果我和女儿不小心一起落到水里，你打算先救谁呢？”这是一个两难的问题，回答先救哪一个都不妥。此时，母女二人都瞧着他，等待回答。青年思索后回答：“我先救……未来的妈妈。”母女俩一听，脸上都露出了满意的笑容。“未来的妈妈”模棱两可，一语双关，恰到好处地化解了尴尬，还同时博得了丈母娘的好感。

模糊应对就是这样，在应对刁难时，说话者话中的真正内涵令人捉摸不透，总是给人似是而非、雾里看花的印象。同时，模糊，使得语言具有伸缩性、变通性，当遇到在一定条件下很难解决的问题时，可以变不可能为可能，使不可容的问题变得相容和一致。

很多时候，直来直去，会让人无地自容；而模糊应对，常能恰到好处地化解尴尬。由此观之，与人交流，适时地“模糊”应对，不失为让人优雅地步下台阶的明智之举。

总之，模糊应对术实际上是一种委婉的说话艺术，这样既不为难自己，又不让对方尴尬，从而能保持融洽而和谐的人际关系。

委婉含蓄，有些话不能说得太直

“直言直语”本来是人性中一种很可爱、很值得大家珍惜的特质，但面对复杂的人性，这种看似不说谎的“直言直语”却有可能成为一个人的致命弱点。

如果你不掩饰自己的情绪，不管什么场合，也不问对象是谁，不考虑说话会引起什么后果，心里有什么就说什么，直来直去，想说什么就说什么，就会在无意中得罪别人。

北宋时期的寇准，是我们所熟悉、尊敬的一位好官。他处理国家大事游刃有余，但是与性格不合、政见不同的同事相处，他却吃尽了说话过于直爽的苦头。《资治通鉴》记载了这样一个故事：

丁谓任中书官职时，对寇准非常恭敬。一次会餐，寇准的胡子沾了汤汁，丁谓站起来慢慢替他擦干净。寇准讽刺说："你身为国家大臣，就是替领导擦胡须的吗？"丁谓自此记恨寇准。

寇准的话看上去是玩笑，但在丁谓看来却是一种过于直爽的讽刺、挖苦。官场中下级拍上级马屁本是平常事，但是如果上级当众不领情，甚至讽刺挖苦，下级便觉得颜面扫地。寇准所犯错误就是如此。自此，丁谓"倾构（全力诋毁）"寇准，并且和王钦若、曹利用等同样受过寇准谩骂、讽刺、挖苦的大官结成同盟，共同对付寇准，经常在皇帝面前说他的坏话。最后连皇帝也觉得寇准不会讲话了，寇准的政治生命也随之结束，一而再，再而三被流放，直至客死雷州。

寇准的悲剧，根源之一就是说话太直。

直爽、坦诚，虽然不失为一种优点，但如果说话过于直接，任何情况下都实话实说，常常会得罪人，让自己成为不受欢迎的人。特别是在现实生活中，有些人快人快语，有什么说什么，口无遮拦，不分场合，不看谈话对象，心里想什么就说什么，这是语言的大忌。所以，不讲究方式的直言快语，往往会带来不良的后果。

直言不讳有时容易伤害对方的自尊，得罪对方，造成许多矛盾；而委婉的话有礼貌，比较得体，令人听了轻松自在，愉快舒畅。俗话说，“良言一句三冬暖，恶语伤人六月寒”。同是讲真话，委婉语大概属于“良言”，直言不讳的话虽不一定算是恶语，但在某些人听来很逆耳，跟恶语差不多。我们提倡忠言不可逆耳，理直不可气壮。就是说，“忠言”和“理直”都要注意用恰当的方式表达，不可图一时说话痛快，而忽视了委婉含蓄的表达。

春秋时期，吴王准备攻打楚国，他知道这个计划会遭到很多大臣的反对，于是警告左右的大臣：“谁要是对我攻打楚国发表反对意见，我就处死他。”因此很多大臣都不敢发声。攻打楚国会给吴国带来很大危害，吴王的宫廷近侍少孺子为了劝谏吴王，想到了一个办法。

一天早上，吴王发现少孺子浑身湿漉漉的，就问他是怎么回事。少孺子说：“我带了弹弓，在后花园闲逛，想打些飞鸟。突然我发现了一件事，至今不能忘怀：一只蝉在树上凄厉地鸣叫，喝着露水。蝉不知道有一只螳螂正在它的下方悄悄地向上爬，想把它作为自己的早餐呢！那螳螂弯着身子，曲着前肢，沿着浓密的枝条，一步一步地接近了蝉。可螳螂哪里知道，这时有一只黄雀正藏在不远处的树枝上，正要展翅飞来啄它！黄雀伸着脖子以为很快就可以将螳螂吃到嘴里，哪里会想到这时我正用弹弓瞄准它。这三个小东西，都是只顾前，不顾后，它们的处境真是太危险了！而我呢，则因为看到这么精彩的场面，时间久了，让露水把衣服都沾湿了！”吴王听了少孺子的话，猛然醒悟，明白了少孺子的一番良苦用心，于是决定放弃攻楚的计划。

少孺子鉴于吴王的威严和其下的命令，不能直接进谏，于是采用委婉的办法，通过“螳螂捕蝉，黄雀在后”的故事，说明了做事不能只图眼前利益，而不顾身后的祸害，从而使吴王醒悟并接受了他的批评。

任何一种意思都可以委婉含蓄地表达，与人说话时，言语不可太直，否则会招惹对方不快。所以，在与人交往的过程中，我们要学会说话“绕弯儿”，这样才不至于冲撞对方，也会取得良好的沟通效果。

即使是批评，也要给别人留面子

常言道：“金无足赤，人无完人。”任何人都有缺点和不足。对于他人所犯的错误，如果你直率地说“你错了”，或者当众指出他的缺点和毛病，其实是对别人尊严的冒犯，很容易激发别人的反感和憎恶。正如卡耐基所说：“直接批评是无用的，因为它会使人采取防守的姿态，并常常使他们竭力为自己辩解；直接批评是危险的，因为它会伤害一个人的自尊心，并会激起他坚决的反抗。”

有一个年轻的女律师就犯了这个错误，结果，很长一段时间遭到法官的排挤。

在一次辩论过程中，德高望重的老法官对这位年轻的女律师说："海事法追诉期限为6年，所以，根据……"

法官的话还没说话，对法律条文烂熟于心的年轻女律师打断了他，直言不讳地说："等等！庭长，海事法没有追诉期限。"

老法官的脸色立马变得铁青，愣在那里半天也没有说话。

后来，这位女律师对朋友谈及此事时说道："当时，法庭内立刻静默下来，似乎连温度也降到了冰点。虽然我是对的，他是错的，而且我也如实地指出了他的错误，但他却没有因此而高兴，反而脸色铁青，令人望而生畏。尽管法律站在我这边，但我却铸成了一个大错：居然当众指出一位声望卓著、学识渊博的人的错误。"

这位年轻的女律师的确犯了一个"比别人正确的错误"。她的做法不妥之处在于，指出别人错误的时候，怎么就不能做得更高明一些呢？

自尊心人人皆有，任何人都没有权利去贬抑或伤害他人的自尊。维护他人的面子，在有些情况下是非常重要的。有句话说得好："人活一张脸，树活一张皮。"每个人都很在意自己的面子。因此，在批评别人时，一定要考虑到对方的尊严，照顾好对方的面子，这样才能使批评更有效。

直接指出对方的错误，实际上就是在批评对方。任何人都不喜欢被他人批评，即使他明白自己确实做错了。心理学家指出，这种强大的心理反应中有很大一部分是自我认同感在起作用。当一个人所相信的东西被怀疑或否定之后，往往会产生一种焦虑，感到自己的自尊被伤害了，甚至感到自己的安全已经没有了保障。结果他会本能地拒绝承认自己的错误，即使他可能认为你说的是对的。因此，当你想要说服一个人，让他明白自己的错误的时候，千万不要直接指出对方的错误。很多时候，只要你换一种表达方式，也许就能轻易地达到目的。

春秋时期，晋灵公即位不久，便大兴土木，修筑宫室楼台，以供自己和嫔妃们游玩享乐。那一年，他竟挖空心思，想要建造一个九层高的楼台。可以想象，在当时条件下，如此宏大复杂的工程，要耗费多少人力物力！晋灵公不顾一切，征用了大量民夫，花费了巨额钱财，倾尽人力财力去修筑楼台。可实际上，持续了几年也没能完工。

全国上下怨声载道，人们都敢怒而不敢言，因为晋灵公明令宣布："有哪个敢提批评意见、劝阻修造九层之台的，处死不赦！"谁愿意去送死呢？

一天，大夫荀息求见。晋灵公料他是来劝谏的，便拉开弓，搭上箭，只要荀息开口劝说，就射死他。谁知荀息进来后，像是没看见他这架势一样，非常轻松自然，笑嘻嘻地说："我今天特地来表演一套绝技给您看，让您开开眼界、开心开心，国君感兴趣吗？"

晋灵公一看有玩的，就来精神了，忙问："什么绝技？别卖关子了，快表演给我看看。"

荀息见晋灵公"上钩"了，便说："我可以把十二个棋子一个个叠起来以后，再在上面加放九个鸡蛋。不信，请看。"说着，便真的玩起来。他叠好后，再往上加鸡蛋。旁边的人都非常紧张地看着他。

晋灵公忍不住大声说："这太危险了！这太危险了！"

荀息一听灵公这样说，便趁机进言，说："大王，别少见多怪了，还有比这更危险的呢！"

晋灵公觉得奇怪，因为对他来说，这样的绝技已经够刺激、够危险的了，还会有什么更惊险、刺激的绝招呢？他迫不及待地说："是吗？快让我看看！"

这时，只听荀息说道："九层之台造了三年，还没有完工。三年来，男人不能在田里耕种，女人不能在家里纺织，都在这里搬木头、运石块。国库的金子也快花完了，兵士得不到给养，没有金属铸造武器，邻国正在计划乘机侵略我们。这样下去，国家很快就会灭亡。到那时，大王您将怎么办呢？这难道不比垒鸡蛋更危险吗？"

晋灵公一听，猛然醒悟，意识到了自己干得多么荒唐，犯了多么严重的错误，便立即下令，停止筑台。

在这个事例中，荀息通过现场表演和结合实际的劝说，使谏言很顺耳，终于让晋灵公意识到了自己的荒唐之处，因而停止了筑台。试想，如果荀息直接指出晋灵公的错误，就可能会损伤晋灵公的自尊和脸面，后果不堪设想。

事实上，无论你采取什么样的方式直接指出别人的错误，即使是一个藐视的眼神，一种不满的腔调，一个不耐烦的手势，都可能让别人觉得没面子，从而带来难堪的后果。不要想着对方会同意你所指出的错误，因为你否定了他的智慧和判断力，打击了他的荣耀和自尊心，同时还伤害了你们之间的感情，他非但不会改变自己的看法还会进行反击。所以，在给别人指出错误的时候要委婉，讲究方式，给别人留个面子，这样会更容易让别人接纳你的意见或建议。

法国飞行先锋和作家安托·德·圣苏荷依说过："我没有权力去做或说任何事以贬抑一个人的自尊。重要的并非我觉得他怎样，而是他觉得自己如何，伤害他人的自尊是一种罪行。"保护他人的自尊心是很重要的。当你需要批评或惩戒他人时，应该记住这一点。

点到为止，婉言暗示胜过直截了当

生活中，并不是每句话都必须直截了当地说，若善于以暗示代替直言，同样可以收到预期的效果。

暗示是人际交往的一种特殊方式，指的是暗示者出于一定的目的，采用一定的方法，含蓄、巧妙地向对方传递某种信息，以此来影响对方的心理，使其不自觉地接受一定的意见、信念，或改变其行动，从而达到自己的目的。

有一次，一位企业家经过一个车间，看到几个工人正在抽烟，而在他们头顶正好有一块大招牌，上面写着"禁止吸烟"。企业家没有指着那块牌子责问那些工人："难道你们不识字吗？"他的做法是，径直朝那些人走去，送给每人一根雪茄，说："诸位，如果你们能到外面去抽这些雪茄，那我真是感激不尽。"工人们羞愧地接过了他的雪茄，并表示再也不在车间内抽烟了。

在这个事例中，企业家看到工人在车间吸烟，没说一句指责的话，反而给他们每个人一件“小礼物”。这种巧妙的暗示所带来的效果远远强过言辞激烈的指责，因为后者只会激发起对方强烈的逆反心理。

暗示，是一种既温和、婉转又能清晰、明确地表达思想的谈话艺术，是运用迂回曲折的语言或行动力，含蓄地表达本意的方法。说话者，特意说些与本意相关的话语，以表达本来要说的意思。这是交际中一种缓冲方法，它能使不愉快的交往变得顺利起来，让听者在比较舒适的氛围中，领悟到说话者真正的用意。

有一次，宋太祖答应要任命张思光为司徒通史。张思光非常高兴，一直引颈企望宋太祖的正式任命，但是等来等去却始终没有下文。一天，张思光故意骑着一匹奇瘦无比的马去觐见宋太祖。宋太祖觉得很奇怪，于是问他：“你的马太瘦了，你一天喂它多少饲料啊？”张思光回答：“一天一石。”宋太祖又问道：“不少啊！为什么每天喂一石饲料，这马还会这么瘦呢？”张思光趁机答道：“我是答应每天喂它一石饲料啊！但是实际上并没有喂它那么多，它当然会那么瘦呀！”宋太祖听出了言外之意，于是马上下令正式任命张思光为司徒通史。

有时候，说话不用点破说破，稍稍暗示一下对方，对方就会明白你的意思。暗示的显著特点，是“言在此而意在彼”，能够诱导对方领会你的话，去寻找那言外之意。从心理学的角度来看，用委婉、带有暗示的话提出自己的看法或劝说对方，都能维护对方的自尊，使对方容易赞同并接受自己的说法，进而也就达到了沟通的目的。

生活中有很多尴尬的事情发生，如果直截了当地去处理，不但不能解决问题，反而会使问题更加复杂，甚至产生难以预料的后果。此时，不妨巧妙地旁敲侧击，用暗示的方式触动他的“隐痛”，既解决了问题又不伤和气，会产生良好的沟通效果。

北宋益州知州张咏，听说寇准当上了宰相，就对部下说：“寇准奇才，惜学术不足尔。”这句对寇准的评价是非常正确的，因为寇准虽然有治国之才能，但不爱学习。

张咏与寇准是相交很深的朋友，他一直想找个机会劝劝寇准多读些书。因为身为宰相，关系到天下的兴衰，理应学问更多些。

时隔不久，寇准因事来到陕西，恰巧刚刚卸任的张咏也从成都来到这里。老友相会，格外高兴。临分手时，寇准问张咏：“何以教准？”张咏对此早有所考虑，便想趁机劝寇准多读书，可是又一琢磨，寇准已是堂堂的宰相，居一人之下，万人之上，怎么好直截了当地说他学问浅，不爱学习呢？于是，张咏略微沉吟了一下，慢条斯理地说了一句：“《霍光传》不可不读。”

当时，寇准弄不明白张咏说这话是什么意思，可是老友不愿就此多说一句，说完后就走了，他只好自己琢磨其中深意。

回到相府，寇准赶紧找出《汉书·霍光传》，他从头仔细阅读，当他读到“光不学无术，谋于大理”时，恍然大悟，自言自语地说：“这大概就是张咏要对我说的话啊！”

原来，当年霍光任大司马、大将军要职，地位相当于宋朝的宰相，他辅佐汉朝立有大功，但是他居功自傲，不好学习，不明事理。

寇准不大注重学习，知识面不宽，因此张咏劝寇准多读书以加深学问，既客观又中肯。然而，说得太直，对于刚刚当上宰相的寇准来说，面子上不好看，而且传出去还影响其形象。张咏知道寇准是个聪明人，以一句“《霍光传》不可不读”的赠言让其自悟，何等婉转曲折，而“不学无术”这个连常人都难以接受的批评，通过教读《霍光传》的委婉方式，使当朝宰相也愉快地接受了。

给别人提意见时，与其直言相告，倒不如委婉含蓄地提示对方，这样可能会产生天壤之别的效果。直接表达，别人不但不会领情，还可能给你戴上爱管闲事的帽子。所以，在给别人提意见或指正他人错误时，要注意自己的说话方式，尽量用委婉、含蓄的话，让对方自觉洞察话中的言外之意，这样，别人在心领神会的情况下，会对你万分感激。这是一种既利己又利人的说话方式，何乐而不为呢？

暗示是一种大智慧，在与人交谈时，如果能将暗示的作用发挥得淋漓尽致，那么无论是在社交场合、职场、商界，还是在日常生活中你都会左右逢源。

欲抑先扬，批评之前先赞美一番

我们知道，批评他人总会出现一些负面效应，因为人的本性是喜欢被别人赞许与肯定，一个人听到赞美时，会有一种积极、快乐的情绪体验。如果你在批评他人时，能先赞美对方，让对方有一个良好的情绪体验，再对其进行批评或者是规劝，那么就比较容易让人接受。

这种先表扬后批评的方法，实际上就是一种欲抑先扬的方式，即在批评别人时，先找出对方的长处赞美一番，然后再提出批评，最后再使用一些鼓励性的语句。这种方法使人认为自己既有过失，也有成绩，更会认为，你的批评是公正客观的，这样就减少了批评所带来的抵触情绪，能收到良好的批评效果。

一位心理学家说："赞赏是对一个人价值的肯定，而得到你肯定评价的人，往往也会怀着一种潜在的快乐心情满足你对他的期待。这在心理学上叫做赞赏效应。"当你对某个人有意见或准备指责他的时候，不妨试一下先赞赏，首先看看你想责备的那个人还有哪些值得敬佩和赞赏之处，然后真诚地表达出来，把你对他的批评或责备变成一种你对他的期待，并让他感到自己是一个值得你期待的人，你一定会收到比预想要好的交际效果。

美国钢铁大王安德鲁·卡耐基有一个侄女叫约瑟芬·卡耐基，她19岁那年来到纽约，成为卡耐基的秘书。当时，她刚刚高中毕业，做事的经验几乎等于零，所以，在工作中总是出现这样那样的差错。卡耐基毫不客气地批评她，约瑟芬感到了巨大的压力。

一天，约瑟芬工作中又出错了。卡耐基刚想开始批评她，但马上又对自己说："等一等，你的年纪比约瑟芬大了一倍，你的生活经验几乎是她的一万倍，你怎么可能希望她与你有一样的观点呢？你的判断力，你的冲劲，等等，这些都是很平凡的。还有，你19岁时，又在干什么呢？还记得那些愚蠢的错误和举动吗？"

经过仔细考虑后，卡耐基获得结论，约瑟芬19岁时的行为比他当年好多了，而且他很惭愧地承认，他总是严厉地批评约瑟芬而很少称赞过她。从那以后，当约瑟芬再犯错误时，卡耐基不再像以前那样当面指出。他总是微笑着对约瑟芬说："亲爱的，你犯了一个错误，但上帝知道，我所犯的许多错误比你更糟糕。你当然不能天生就万事精通，成功只有从经验中才能获得，而且你比我年轻时强多了。我自己曾经做过那么多的傻事，所以，我根本不想批评你。但是，难道你不认为，如果这样改进的话，会更好一点吗？"

听到这样的话，约瑟芬不再感到有压力，而是内心充满了动力。后来，她成为一名很出色的秘书。

每个人都需要被真诚地赞美，也需要被善意地批评。所以，要想让对方接受你的批评，从而改正过失，就必须先给予对方适当的赞美，然后再给他以批评，这样才会让听者感到你是为他着想，或者感到合情合理，这样才更有利于对方改正缺点和弥补不足。

美国著名的演讲家戴尔·卡耐基说："矫正对方错误的第一方法——批评前先赞美对方。"批评前先赞美，能化解被批评者的对立情绪，使其乐于接受批评，从而达到预想效果。因为当任何人听到他人对自己的优点加以称赞后，再去听一些不愉快的话，自然会比遭受直接批评感觉舒服一些。

某经理发现秘书写的报告有些不妥之处。他是这样说的："小李，你的工作报告很不错，重点突出，思路清晰，有几处写得很有见地，看来你下了一定的功夫。只是有几个地方有点小问题，有的数据不够准确，麻烦你再修改一下。你的文笔不错，过去几次写报告也是越修改越好，相信你这次也一定能改出一个好报告来。"

听了这样的话，秘书感到经理对自己很公正，很器重，充满期望和信任，因而很卖力地把报告改好了。

人往往喜欢被别人赞许与肯定，而不喜欢受到责备与批评，这是人的本性。人在本能上对批评都有一种抵触心理，总是喜欢为自己的行为辩解，尤其是一个人在工作中已付出很大努力时，对批评就更敏感，也更喜欢为自己辩解。如果采用先赞美后批评的方法，让被批评者在接受了诚恳而客观的赞扬之后再接受批评，他们会因为赞扬首因效应的作用，而觉得批评不那么刺耳。

总之，当你需要指出他人的过失，希望对方改变某种行为时，赞美不失为一种巧妙迂回的方法。这需要掌握一些婉转的批评技巧：先赞美对方，再进行温和的批评指正。

第六章

左右逢源，跟任何人都聊得来

主动打招呼，让彼此熟悉起来

在人际交往中，主动打招呼是给对方留下好印象的第一步。它其实是想向对方传递友好，是拉近彼此的距离的非常重要的行为。这不仅是接触的第一步，也是所有人际关系的起点。

但遗憾的是，在生活中，很多人都不重视打招呼。他们认为经常见面的人用不着每次看见都打招呼；而对于不太熟悉的人，他们担心对方认不出自己而造成尴尬。还有些人则不愿意先向别人打招呼，他们总是在想："为什么我要主动先向他打招呼？"其实，主动打招呼能够极大地提升我们的吸引力，特别是在拓展业务、广交朋友的时候。

柳楠就是一个善于打招呼的人。她认识很多人，不限于经理和老板。比如，她经常到某大厦接洽事务，每次都会与大厦的电梯司机、货仓守门人热情打招呼；常去某银行存款，也与那里的出纳员热情打招呼。每次见面她都会跟别人道声好，对方也会对她点头或是笑笑。有时，她也会遇上特别谈得来的朋友。这样，柳楠的朋友越来越多，业务也开展得越来越顺利了。

主动和别人打招呼，不仅可以让对方心情愉悦，给人留下良好印象，还可以为自己的事业带来帮助。

打招呼是人际交往中的桥梁，能迅速拉近人与人之间的距离。即使是一句简单的"早安"或"您好"，也能让对方感受到亲切、友好，增进了信任，还沟通了情感。

乔·吉拉德是美国汽车销售界的传奇人物，被称为汽车销售大王。他没有三头六臂，也没有强大的后台支持，他的秘诀就是主动打招呼。他会让你觉得他和你早已熟悉，就像昨天刚刚一起喝过咖啡、聊过天似的。

“哎呀，老兄，好久不见，你躲到哪里去了？”假如你曾经和乔·吉拉德见过面，当你进入他的展区，他会以迷人、和蔼的笑容迎接你，热情地和你打招呼、呼喊你的名字，仿佛你昨天刚刚来过，完全不在意你们也许已有好几个月没见面。

他的亲切会让本来只是想随便看看车子的你变得局促不安：“我只是随便转转，随便转转。”

“来看望我就必须要买车吗？天啊，那我不就成了孤家寡人了？不管怎样，能够见到你，我就感到很高兴！”

吉拉德这几句话就能让你的尴尬和局促消失得无影无踪，也许你会跟他到办公室坐坐，聊一会儿天，喝几杯茶，爽朗而不放肆地大笑一番。当你起身告别的时候，你的心里会产生一种恋恋不舍的感觉，这个时候，你的购买欲望也会变得更加强烈，原本的购车计划也许会提前落实。

对于陌生的顾客，吉拉德也有自己的一套办法。一次，一个建筑工人来到他的展位，吉拉德与他打完招呼，并没有急于介绍商品，而是先和工人聊起了建筑工作。吉拉德连续问了好几个关于施工队的问题，每个问题都围绕着这位建筑工人展开。比如，“您在工地上具体做什么工作”“您是否参与过附近小区的建造”等。几个问题下来，他和这位建筑工人已经成了无话不谈的好朋友。建筑工人不仅非常信赖地将挑选汽车的任务交给了他，还介绍他和自己的同事们认识，为吉拉德带来了更多的商机。

在人际交往中，打招呼是联络感情的手段，沟通心灵的方式和增进友谊的纽带，所以，我们平时遇见他人时，无论是谁都应主动先开口打招呼，只有这样你才会被更多的人接受。平心而论，你会拒绝一个见面与你主动打招呼的人吗？当然不会，而且，人们对于这些人的开朗亲切、心胸宽阔，留下深刻的印象。谁又会不愿意与这样的人交往呢？

合理称呼，一开口就叫对人

无论是新朋友还是老朋友，见面时就得称呼对方。称呼，作为人们在正常交往应酬中采用的称谓语，应当亲切、准确、合乎常规。正确、恰当地称呼他人，不仅体现了对对方的尊敬或亲密程度，也反映了自身的文化素质。

俗话说，“良言一句三冬暖”。得体的称呼能让人身心愉悦，有助于建立亲密和谐的人际关系，缩短人和人之间的心理距离。相反，如果称呼不得体，往往会引起对方的不快，甚至激怒对方，使双方陷入尴尬的境地，造成交往障碍或使关系中断。

刘女士快七十岁了，由于保养得好，看上去比实际年龄要年轻些。她去菜市场买菜，一个新来的年轻姑娘迎了上来：“老奶奶，我们家的菜可新鲜了，您看看需要点什么？”

没想到刘女士脸色一沉，没搭理那个姑娘，径直走了。姑娘感到很纳闷，不明白是何缘故。旁边的人悄悄对姑娘说：“她不喜欢别人叫她‘老奶奶’，你得叫她‘阿姨’，她就会对你热情了。”

第二天，刘女士又来买菜，姑娘热情地打招呼：“阿姨，看看我们家的菜吧，便宜又新鲜。”刘女士高兴地凑了上去，选了不少菜。

由此可见称呼的重要性。称呼他人是一门极为重要的艺术，若称呼不当，很容易引起他人的反感，甚至让人记恨在心，久久无法释怀。所以，在人际交往中，我们要学会正确称呼他人。

1．选择正确的称呼方式

（1）职务性称呼：以交往对象的职务相称，以示身份有别、敬意有加。这是最常见的称呼方式之一。具体有三种情况：称职务，如“经理”；在职务前加上姓氏，如“张经理”；在职务前加上姓名（适用于极其正式的场合），如“李强董事长”。

（2）职称性称呼：对于具有职称者，尤其是具有高级、中级职称者，在工作中可直接以其职称相称。同样有三种情况：只称职称，如“工程师”；在职称前加上姓氏，如“刘工程师”；在职称前加上姓名（适用于十分正式的场合），如“王帅教授”。

（3）行业性称呼：在工作中，有时可按行业进行称呼。对于从事某些特定行业的人，可直接称呼其职业，如“老师”“医生”“会计”“律师”等，也可在职业前加上姓氏或姓名，如

“张老师”“王医生”“赵律师”等。

（4）性别性称呼：对于从事商界、服务性行业的人，一般按性别称呼“小姐”“女士”或“先生”。其中，“小姐”是称未婚女性，“女士”是称已婚女性。

（5）姓名性称呼：在工作岗位上称呼姓名，一般限于同事、熟人之间。具体有三种情况：可以直呼其名，如“王萌”“刘洋”；在姓前加上“老、大、小”等前缀只呼其姓，如“老张”“老李”；不加其姓只称其名，如一个人叫“王俊杰”，可以直接称呼为“俊杰”。这种称呼方通常限于同性之间，尤其是上司称呼下级、长辈称呼晚辈时，在亲友、同学、邻里之间也可使用这种称呼。

2. 称呼的禁忌

在使用称呼时，我们一定要避免以下几种失敬的做法。

（1）错误的称呼。一般是指误读或是误会。

①误读：也就是念错姓名。记住他人的名字很重要，为了避免念错他人的名字，应事先有所准备，对于不认识的字要查清楚读音；如果是临时遇到或没有听清楚，应谦虚请教或请他人重复名字。

②误会：是对被称呼者的年纪、辈分、婚否以及与其他人的关系作出错误判断。比如，将未婚妇女称为“夫人”就属于误会。对于年轻的女性，可统一称为“小姐”，这样对方也乐意接受。

（2）使用不通行的称呼。有些称呼具地域性，如在某些地方，人们会亲昵地称呼孩子为“小鬼”，但在其他地方这样称呼孩子可能被视为蔑视。同样的，北京人喜欢称呼“师傅”，但在其他地方“师傅”可能是“和尚”的意思。

（3）使用不当的称呼。有些人不讲礼貌，见到老年人就称呼为“老头”“老太太”，这会让对方产生不被尊重的感觉。

（4）使用庸俗的称呼。像“老铁”“哥们儿”“铁磁”等，这些称呼虽然听起来亲切，但在庄重、正式的场合并不适合使用。

（5）称呼外号。很多人不分关系远近，见到有人称呼他人外号就跟着叫，结果让对方不高兴。对于关系一般的人，应避免叫对方外号，更不要自作主张给对方起外号或随便拿别人的姓名乱开玩笑。

总之，称呼他人是一件极为重要的事情。一个热情、友好且得体的称呼似妙言入耳、春风拂面，使对方产生亲切、温馨之感。

记住对方的名字很重要

在和人交往的过程中，记住对方的名字很重要。牢记并准确称呼对方的姓名，能快速拉近双方的距离，给对方留下良好的印象。如果你想建立良好的人际关系，那么请记住别人的名字。

美国有位学者曾经说过：“一种既简单又很重要的获得他人好感的方法，就是牢记他人的姓名，并在下一次与他们见面时喊出。”名字是每个人的特有标识，对于一个人来说，自己的名字是世界上最亲切和重要的声音之一。它不但能帮助你获得友谊、促成合作，而且能即刻拉近与他人的距离，让对方感受到你对他的关心与喜欢，为你铺就一条通往成功的路。

某学校招聘教师，要通过试讲从几名应聘者中选出一名。几名应聘者都做了精心的准备。

铃声响起，应聘者们依次微笑着走上讲台。师生相互致意后，课程正式开始。为了避免满堂灌的教学方式，有一位应聘者效仿前面几位应聘者的做法，设计了几次课堂提问，但效果一般。下课后，他对比自己与前面几位应聘者，估计自己会落选。谁知，第二天他竟接到了被录用的通知。惊喜之余，他问校长为什么选中了他。“说实话，就那节课的精彩程度而言，你稍逊一筹。不过，你在课堂提问时，叫的是学生的名字，而其他人叫的是他们的学号或用手指指明。试想，我们怎么能录用一个不愿意去了解和尊重学生的教师呢？”校长解释道。

记住别人的名字是一种礼貌，也是一种感情投资。记住别人的名字，可以让你缩短和他人的心理距离，使他们愿意与你交流，从而增进彼此之间的情感，建立良好的人际关系。

古人云：“不知礼，无以立也；不知言，无以知人也。”记住别人的名字，不仅传递了你对别人的尊重，满足了人类基本的心理需求，拉近了人与人之间的距离，产生了其他礼节无法达成的效果，还体现了一个人的知识、涵养和魅力。

周先生热衷于划船，有一次在湖边划船时遇到一位同好，两人共度了30分钟的时光。后来，他们在机场又偶然相遇。那位萍水相逢的朋友对周先生说，他很想买一条像周先生那样的船，不知周先生肯不肯卖。周先生很喜欢那条船，因此拒绝了。

一个星期后，周先生被调往其他地区工作。此时，周先生打算将船卖掉，但想不起当初那个想要买船的人的名字。

倘若当初周先生在和那个人谈话的时候，能仔细倾听对方的话，而不仅仅是为了表面的礼貌而装作留心倾听，那么后来他就不必以低价将船卖掉了。

俗话说："人过留名，雁过留声。"姓名是人的标志，人们出于自尊总是格外珍爱它，同时也希望别人能尊重它。美国前总统罗斯福说过："在交际中，最明显、最简单、最重要、最能获得好感的方法，就是记住他人的名字。"踏入社会和人交往的第一秘诀就是记住他人的名字，因为记住他人的名字是尊重一个人的开始，也是与人有效沟通的第一步。

记住别人的姓名并不是一件轻而易举的事，需要下一番功夫并掌握一定的方法，下面，我们来简单介绍一下这些方法。

1. 用心听记

将准确记住他人的姓名视为一件非常重要的事。每当认识新朋友时，既要用心听又要牢牢记住。若听不清对方的名字，可以再问一次："您能重复一遍吗？"如果还不确定，那就再来一遍："不好意思，您能告诉我如何拼写吗？"每个人对自己名字的重视程度绝对超出你的想象，所以一定要牢记他人的名字。如果记错了对方的名字，就很难再获得对方的好感。

2. 记住每个人的特征

人有许多方面的特征，有外形的特征，如眼睛特别大、胡子特别多、前额很突出等；有职业的特征，如擅长某一技术、在某一领域有受人称道的雅号等；有名字的特征，如使用生僻的字或者很少用的字作为名字或与某人的名字相同、同名共姓等。

3. 用本子记下对方的名字

如果一个人的名字比较难记，你可以说："我记忆力差，请让我记下来。"对方不但不会反感，还会产生一种自重感，因为你真心实意地想记住他的名字。为了防止以后翻到名字却回忆不起对应的人，除了记下名字以外，还可以将对方的基本情况（如性别、年龄等）记下来。这个小本子要经常翻一翻，一边翻一边回忆与对方见面的情景，这样，即使很多年后再碰到此人，你也可以叫出他或她的名字来。

投其所好，谈论别人感兴趣的事

在人际交往中，怎样说话才能使自己受欢迎？关键在于了解他人的兴趣所在，并且同对方说他最感兴趣的话题。心理学研究表明，人们往往对与自己相关的话题最感兴趣。当谈及这些话题时，人们会异常兴奋，表现欲极强。如果你能满足人们的表现欲，跟他们谈及他们感兴趣的话题，他们就会感受到你对他们的关切，自然而然地对你产生好感，从而拉近彼此的距离。

拜访过罗斯福的人，都会惊叹罗斯福的博学。无论你是什么职业、什么阶层的人，他都能针对你的特长侃侃而谈。这个道理很简单：当罗斯福知道访客的特殊兴趣后，会预先研读这方面的资料，以便在交谈时能够投其所好。因为罗斯福知道，打动人心的最佳方法就是谈论对方感兴趣的事情。所以，要使对方喜欢你，原则上就是要拿对方感兴趣之事作为话题，让对方感受到自己的重要性。一旦满足了对方的自尊心，很多事情就会迎刃而解。

王征是一个批发海鲜产品的个体老板，他试图将自己的海鲜卖给一家大酒楼。他每天给该酒楼的经理打电话，甚至经常去该酒楼吃饭消费，以便成交生意，但半年过去了，他仍未能成功。

后来，王征学习了人际关系学的相关知识，决定改变以前的做法。他认识到，要想让对方答应自己的要求，就要先让对方喜欢自己；而要让对方喜欢自己，就要找到对方的兴趣点，并将这些内容作为交谈的话题。

经过多方打听，王征了解到酒楼的经理是“狂飙”越野吉普车协会的一员，而且被选为主席。无论会议在什么地方举行，他都会出席，即使需要长途跋涉。

了解到这些情况后，王征决定再去拜访经理。第二天，当他们见面的时候，王征没有直接谈论订购海鲜的事，而是与经理大谈与越野吉普车协会相关的话题。结果，经理立刻来了兴趣，和王征滔滔不绝地聊了一个多小时，直到下午五点钟，他才意犹未尽地结束了谈话。

在这次谈话中，王征从始至终都没有谈论订购海鲜的事。但是，仅仅过了两天，酒楼的经理就给他打来了电话，让他把海鲜的价目表带过去。

王征的成功经验告诉我们：说话要懂得投其所好，这样才能谈成生意。正所谓：“话不投机半句多”。只要抓住了对方的兴趣点，投其所好，不仅不会“半句多”，反而会越谈越投机，越谈越亲近。所以，说话办事的诀窍就是：谈论他人最感兴趣的话题。每个人都有自己感兴趣的事物或话题，你不妨找到他们的兴趣点，积极主动地为他们送上“一顿美味大餐”，这样你就能达成所愿。

在一次大型汽车展示会上，某公司的汽车销售人员周敏结识了一位潜在客户。通过对潜在客户言行举止的观察，周敏分析这位客户对越野型汽车十分感兴趣，而且其品位极高。虽然周敏将本公司的产品手册交到了客户手中，可是这位潜在客户一直没给周敏任何回复。周敏曾经有两次打电话联系，客户都说自己工作很忙，周末则要和朋友一起参加活动。

后来，经过多方打听，周敏得知这位客户酷爱射击。于是，周敏花了大量时间研究射击的相关知识。在下一次联系时，周敏对销售汽车的事情只字不提，只是告诉客户发现了一家设施齐全、环境优美的射击场。结果，周敏很顺利地在那家射击场见到了客户。周敏对射击知识的了解让那位客户迅速对其刮目相看，他大叹自己“找到了知音”。在返回市里的路途中，客户主动表示自己喜欢驾驶装饰豪华的越野型汽车，周敏便顺势告诉客户：“我们公司正好刚刚上市一款新型豪华型越野汽车，这是目前市场上最有个性和最能体现品位的汽车……”一场有着良好开端的销售沟通就这样展开了。

由此可见，投其所好，谈论别人感兴趣的话题，常常可以打破僵局将两个人的情感紧紧地连在一起，缩短交往的心理距离。

因此，在与人交谈的时候，我们应学会聪明地选择话题，尽量选择对方感兴趣的事物或话题，谈话的气氛友好而和谐。而愚蠢的做法则是只顾自己感兴趣的事情或爱好大肆吹嘘，这样只会让对方感到乏味无聊，甚至产生反感情绪，所以要想在人际交往中取得成功，就必须学会投其所好，谈论别人感兴趣的话题。

因人而异，说话的技巧

俗话说："见什么人说什么话。"这是说话的一种技巧，也是一个准则。在与人交谈时，我们应尽量使用对方认同的语言，谈论他们熟悉和关心的话题，并根据当时的具体情况灵活应变，以便在迎合对方心理的同时，赢得他们的好感。唯有如此，我们才有可能得到自己想要的东西，而这也是人际交往中的一种技巧。

所谓"射箭要看靶子，弹琴要看听众"。每个人的身份、职业、经历、文化素养、思想、性格、处境、心情等都不相同，我们要针对不同对象和对象的不同情况，采取不同的策略，运用不同的语言表达方式，来达到有效的交流目的。

战国时期著名的纵横家鬼谷子曾经精辟地总结过与各种各样的人交谈的方法："与智者言，依于博；与拙者言，依于辩；与辩者言，依于要；与贵者言，依于势；与富者言，依于高；与贫者言，依于利；与战者言，依于谦；与勇者言，依于敢；与过者言，依于锐。"这告诉我们，在与人交谈时，一定要对其情况进行客观的了解，做到知己知彼，才能针对不同的对象，采取不同的说话技巧。

孔子弟子三千，贤者七十二人，子贡是其中最能言善辩的一位。但是，有一次他在说服农夫归还马匹时，费了很大的劲却徒劳无功。

孔子带领学生周游列国的途中，有一匹马挣脱缰绳跑开，吃了农夫的庄稼，被农夫扣住。子贡自告奋勇前去交涉，他搬出游说诸侯国时的大道理，“之乎者也”地讲了半天。农夫就是不还马，子贡只好灰溜溜地回来。

孔子见状，笑着说：“你用人家听不懂的道理去交涉，就好比用高级祭品去供奉野兽，用美妙的音乐去取悦飞鸟，怎么能行得通呢？对待不同的人，要说不同的话。”于是，他让马夫前去讨马。马夫走到农夫跟前，笑嘻嘻地插科打诨：

“老兄，你不是在东海种地，我也不是在西海旅行。我们既然碰到了一起，我的马吃你两口庄稼，也不是什么大不了的事嘛。”农夫听马夫这样说，又看看马夫和自己相似的打扮，很爽快地将马还给了他。

马夫的口才比子贡的更好吗？不是！马夫能打动农夫，是因为他说的话符合农夫的喜好，又能让农夫听懂。对于子贡来说的难题，马夫三言两语解决了。

可见，说话要看对象，否则，你再能言善辩，别人不买你的账也是枉然。

每个人不同，他们的心理特点、脾气秉性、语言习惯等各不相同。所以，在与人交谈时，聪明人不会用一成不变的说话方式。他们会根据不同的对象，采用不同的谈话方式，“见什么人说什么话，到什么山头唱什么歌”。

全国人口普查时，一个青年普查员向一位70多岁的老太太询问：“有配偶吗？”老太太愣了半天，反问：“什么配偶？”普查员又解释：“就是你丈夫。”老太太这才明白过来。

这位普查员说话不看对象，因此闹出了笑话。所以，要想收到理想的表达效果，就应当根据对象的身份和特点来说话。如果不看对象盲目地说，人们就会觉得别扭甚至反感，势必影响交流的效果。

因此，在说话时，如果我们已经了解对方的一些信息，就应尽可能地采用对方能够接受的说话方式，谈论对方感兴趣的话题。

在日常交流中，我们要注意以下几点：

1. 文化差异

与文化水平相对较低的人交流，应尽量使用浅显易懂的语言，让对方能够听得明白；而与文化水平较高的人交谈，则需要注重语言的修饰，可适当地使用较为正式的谈话方式。

2. 性格差异

若对方性格豪爽，便可直截了当；若对方性格内向，则要“慢工出细活”；若对方生性多疑，切忌处处表白，应不动声色地消除其疑惑等。

3. 亲疏关系

说话人与听话人之间一般有平等、上下级、亲疏远近等不同关系，所以话语的多少、话语的亲密程度都要所有区别，这样，谈话人之间才能有轻松的谈话氛围。

4. 地域差异

与生活在不同地域的人交流时，说话方式也应有所差别。如与北方人交流，可粗犷一些；而与南方人交谈时，则应细腻和委婉一些。

打圆场，让他人感谢你的善解人意

任何人都有可能遇到尴尬或出现失误，尤其是在人多的场合，这种尴尬或错误会让人面子上过不去。这时候，如果你能及时站出来“补台”，也就是替对方“打圆场”，巧妙地化险为夷、化拙为巧，保全其颜面，那么你将赢得对方的好感，迅速成为交际场上的明星。

一个理发师傅带了个徒弟。徒弟学艺3个月后，这天正式上岗。他给第一位顾客理完发后，顾客照照镜子说：“头发留得太长了。”徒弟不语。师傅在一旁笑着解释：“头发长显得您含蓄，这叫藏而不露，很符合您的身份。”顾客听罢，高兴离去。

徒弟给第二位顾客理完发，顾客照照镜子说：“头发留得太短了。”徒弟依然不语。师傅笑着解释：“头发短显得您精神、朴实、厚道，让人感到亲切。”顾客听了，欣喜离去。

徒弟给第三位顾客理完发，顾客边交钱边嘟囔：“剪个头花了这么长的时间。”徒弟无言以对。师傅马上笑着解释："为'首脑'多花点时间很有必要。您没听说吗？进门苍头秀士，出门白面书生！"顾客听罢，大笑而去。

徒弟给第四位顾客理完发，顾客边付款边埋怨："用的时间太短了，20分钟就完事了。"徒弟心中慌张，不知所措。师傅迅速笑着接话："如今，时间就是金钱。'顶上功夫'速战速决，为您赢得了时间，您何乐而不为呢？"顾客听了，笑着离去。

故事中的这位师傅，真是能说会道。他机智灵活，巧妙地"打圆场"，每次得体的解说，都让徒弟摆脱了尴尬，让顾客转怨为喜，高兴离去。

"打圆场"是会说话的一种体现，可以缓解当事人之间的紧张气氛，将矛盾化解于无形，甚至能缓解紧张局势。

在人际交往中，要想获得好人缘，就必须学会打圆场，采取息事宁人的态度来处理事情。这样，你就可以在复杂的人际关系中获得别人的支持和感激。

打圆场是一门语言艺术，善于打圆场的人都是精通语言艺术的人。要想成功地打圆场，可以根据实际情况应灵活应对。或用幽默的话语转移话题，制造轻松气氛；或指出各方观点的合理性，强调尴尬事件有其合理性；也可以故意歪曲对方话里的意思，做出双方都能接受的解释；还可以肯定双方看法的合理性，找到双方都能接受的解决方法。

在一次老同学聚会上，大家见面分外亲热，聊得十分高兴。这时，一位男士对一位女士开玩笑说："你当初可是主动追求我的，现在还想我吗？"按理说，在老友重逢的聚会上，这些话虽然有些不妥，但也无伤大雅。然而，这位女士由于某种原因心情不好，竟然脸色一变，气呼呼地说："神经病！谁会追求你这种心理龌龊的人。"

她的声音很大，在场的人都惊讶地看着她，觉得很尴尬，场面一下子冷了下来。这时，另一位女士站了起来，笑着说："我们小妹的脾气还没变啊！她喜欢谁，就说谁是神经病。越是夸张，越让人受不了，就越能表明她对那人的喜欢。小妹，我说得对吧？"一番话，让大家都想起了大学时的美好生活，于是纷纷七嘴八舌地互相开起了玩笑，一场风波也就这样平息了。

在生活中，让人尴尬的事总是突如其来。在别人突然陷入尴尬境地的时候，不管你与对方是素不相识还是相知甚深，你都该尽可能地伸出援助之手，帮对方解围。

"打圆场"往往可以博得他人的好感，也有利于缓解气氛。但在帮人"打圆场"的时候，也有特别需要注意的地方。首先，"打圆场"要公平、不偏不倚，让双方都觉得你没有偏向任何一方，这样，他们才能接受你的劝解和解围。其次，要理解双方的心情，针对他们各自的优势都加以肯定，这样双方才能心情愉悦，满足自我实现的心理需求。否则，无异于火上浇油。总之，打圆场需要我们用心去感受、去理会，从而从现场中找到化解的点，使双方都能放下，继续前进。

第七章

搞定上司，学会和领导说话

毛遂自荐，让领导听到你的声音

有人说：“干得好不如说得好。”这句话虽然有失偏颇，但是在职场中，如果会做事再加上会说话，那这样的员工最容易受到领导的青睐和重用。所以，你要在合适的时候发出自己的声音，让领导注意到你、重视你、欣赏你。自我推销，主动出击，往往会有意想不到的好处。

自我推销带来的效果是多方面的，包括难得的机会、老板的信任、自我的实现、职位的晋升……在当今职场，自我推销这一求职方式越来越被人们采用，有人因此如愿以偿，也有人屡屡碰壁。要知道，自我推销并不是简简单单地向老板直接提出要求，它同样是一门不容易掌握的艺术。

有位大学生小周，向某家公司的老总推销自己。但是，这位老总经验丰富，且固执己见，并没有将这个初出茅庐的大学生放在眼里。没说上几句话，老总便一口回绝了小周：“你可以走了。”

面对不利的局面，小周眉头一皱，计上心来。他故作轻松地说：“老总的意思是，贵公司人才济济，足以在市场上立于不败之地。纵然外面的人有天大的能耐，也不需要利用，更何况像我这样初出茅庐的小青年。而且如果使用我这样的人，也许会给公司带来麻烦，与其这样，倒不如拒我于门外，是吗？”说到这里，小周有意停顿下来，面带微笑地看着老总。

老总一愣，开口问道：“你能谈谈自己的特长和想法吗？”

小周不紧不慢地对老总说：“对不起！刚才我太唐突

了，请原谅！不过，像我这样的人还可以谈谈吗？”

老总紧接着说：“当然，不用客气。”

小周素质不错，准备也颇为充分，他继续说道：“在学校里所学的专业与职业结合起来是一种幸福，但现实往往并非如此，很多人找不到对口的工作。但人具有可塑性，只要头脑灵活，什么新鲜事都可以做。公司想减少培训员工的成本，希望员工一上岗就能创造效益，所以，我要发挥自己的特长，而不仅仅是书本知识。我发表过一些文章，可以搞企业宣传；我善于交际，也可以做业务。”

老总一边听，一边赞赏地点头，最终决定留下小周。

我们之所以要主动推荐自己，引起别人的关注，主要是因为机遇是珍贵的、稀缺的、稍纵即逝的。如果你能比同样条件的人更主动，机遇就更容易被你掌握。因此，主动出击是俘获机遇的最佳策略。此外，世界上总是伯乐在明处，“千里马”在暗处，而且“千里马”多而伯乐少。伯乐再有眼力，他的精力、智慧和时间都是有限的，等待可能会耽误你的一生。既然我们都知道“守株待兔”的行为是愚蠢的，那么我们就没有必要等待“伯乐”的出现，而是应该主动地寻找伯乐。更值得注意的一点是，时代在前进，岁月不饶人，随着新人辈出，每个立志成才者都应考虑到自己所付出的时间成本。一次机遇的丧失，便可能导致几个月、几年甚至一辈子的白白浪费。明白了这个道理，我们就会产生一种紧迫感，重新思考自己的处世态度，在行动上更加主动，以便让更多的人注意到自己。

但是，毛遂自荐对很多人来说并不是一件容易的事情，它需要一定的胆识和勇气。不自信的人、害怕失败的人是不敢尝试的。只有具备勇气的人才能获得成功。

世界歌王帕瓦罗蒂到中国采风的时候，曾去北京中央音乐学院访问。许多学生都使出浑身解数，以求得在这位歌王面前一展歌喉。要知道，这可是一个难得的机会。哪怕是得到歌王的一句肯定，也能让中外记者们大肆渲染，从而让歌坛升起一颗新星。

在学院的一间教室里，帕瓦罗蒂耐着性子挨个听大家唱歌，不置可否。正当气氛沉闷之时，窗外传来一个男孩的歌声，唱的正是名曲《今夜无人入睡》。听到窗外的歌声，帕瓦罗蒂的眉头舒展开来：“这个学生的声音与我的很像。”接着，他对校方的陪同人员说：“这个学生叫什么名字？我要见他！并收他做我的学生！”这个在窗外唱歌的男孩就是从陕北山区来的学生黑海涛。以他的资历和背景，根本没有机会面见到帕瓦罗蒂，他只能凭借歌声推荐自己。后来，在帕瓦罗蒂的亲自安排下，黑海涛得以顺利出国深造。1998年，意大利举行世界声乐大赛，正在奥地利学习的黑海涛又写信给帕瓦罗蒂。于是，帕瓦罗蒂亲自给意大利总统写信，推荐他参加音乐大赛。黑海涛在那次大赛上获得了名次。

黑海涛凭着他那善于推荐自己的勇气和不断努力的精神，在他的音乐道路上取得了非凡的成就。

这似乎是一个奇迹，但这个成功的例子也足以让一些怀才不遇的人深思：机遇稍纵即逝，善于推荐自己很关键。著名的数学家华罗庚也曾说：“下棋找高手，弄斧到班门。”他认为，应敢于在能人面前表现自己，敢于和高手“试比高”。当他在乡镇小学里上学时，就敢于对大数学家苏家驹的理论提出质疑。正是他这种可贵的精神，使他提早闯进数学王国的神秘殿堂。

机会可遇不可求，因此，在很多时候需要我们主动争取。那些不敢也不愿推荐自己的人，往往会让机会与他们失之交臂。所以，如果你真是一个有才华、有特长的人，在关键的时候大可不必过分压抑自己。要适时做好自我推荐，以求得发展的机遇。

我们每个人都需要推销自己，这是体现人生价值的需要。无论你从事何种职业，你随时都可以向别人推销自己的观点，这是展示自己，与吹嘘完全不同。被人认可、接受、欣赏更是一种价值的体现。你的言谈举止、社交礼仪、学识修养的展示，不仅使人对你产生深刻的印象，也能使你更有效地改进自己，顺应高速发展、竞争激烈的现代社会。

有两个同学毕业时进了同一家公司工作。5年过后，一个升到了市场部主管的位置，另一个却还在调研部做基层研究员。这并不是因为他们的能力有天壤之别，而是一个会争取，一个不会争取并且不愿争取。

市场部主管的第一次晋升是在进公司一年后。他走进老板的办公室，直截了当地说："老板，这是我的专业强项。您看，这是我曾经做过的相关工作。我觉得我可以试试那个新项目。"两个月后，他被提升为项目经理。

他第二次表现自己是在原市场部的主管跳槽后。当时，很多人都在坐等被任命。资历最浅、希望最小的他再次对老板发动了闪电战："老板，让我试试这个职位吧。这是我详细的工作计划书，请您过目。"老板看着厚厚的一叠材料，思路清晰、重点突出，又想到他平时的工作能力和业绩，觉得这个小伙子可以重用。尤其难得的是，他有这样一份自信和勇气。于是，老板欣然应允，先让他以副总监的头衔代管，不久就扶正了他。

千里马常有，而伯乐不常有。如果只是一味地坚持"是金子总会发光的"，坐等领导来发现自己，往往很难如愿以偿。在竞争激烈的现代社会，适时地表现自己才是成熟、智慧的做法。

在当今社会中，有才干但没有口才的人，比起有才干又有口才的人，成功的可能性要小许多。因为一个人的才干往往需要通过言语来证实和展现。语言表达能力强，可以充分地展示自己、有效地影响他人、可以提高自我的生存发展能力、可以更好地实现自我价值。

身处职场，我们需要让领导了解我们，让同事接受我们，将自己对人和事的态度在他人的面前展现出来。实质上，这也是在推销自己，也就是说，我们无时无刻不在推销自己。推销的是否好，也决定着我们是否成功。在推销自己时，口头表达得好，效果就会很好，也更容易让人接受。所以，有一个好口才是非常重要的。好口才，是将自己推向成功的关键，也是成功者的共同特点。

有错就改，虚心接受上司的批评

身在职场，对于下属来说，遭到上司批评是很正常的事，也是一件令人苦恼的事。虽然“良药苦口利于病，忠言逆耳利于行”，但多数人很难以积极的态度对待批评。任何教训、指责，都可能使人觉得伤了自尊而处于自我防卫状态，并且往往会激起极大的反感，促使人竭力为自己辩解。可以说，闻过则喜者甚少。喜表扬，恶批评，这是一种普遍存在的心理现象。

英国学者利斯特曾说：“我能想象到的人的最高尚行为，除了传播真理外，就是公开放弃错误。”是的，错误并不可怕，批评也不可怕，关键在于你怎样去认识和对待它们。其实，批评就像一面镜子，能照出言行的是与非，灵魂的美与丑。批评，有时候听起来刺耳，但能让人保持清醒。从错误中吸取教训，从批评中汲取营养，这样我们就可以逐步走向成熟，走向成功。

王芳是一家房地产公司财务部的会计。一天，当她拿起电话，拨动查询号码后，她的表情先是紧张，随后变得失落，最后转为失望。“实务，59分”的电话报音给了她重重一击——仅仅差1分。这让她两年的辛苦与努力付诸东流，去年通过的两门考试也随之作废。要是1个月前……王芳的思绪陷入了回忆。

月末是该公司财务部最忙的时候，所有员工都埋头于一堆票据中。这时，王芳正用电脑熟练地编制财务凭证——她想尽快完成结账，以便请假回家复习会计师考试，因为会计师考试已经迫在眉睫。在财务部，无论是新员工还是老员工，大多都通过了注册会计师考试。尽管王芳工作能力很强，但她还是感到压力很大。年前她已经通过了两门考试，今年无论如何也要再拿下另外两门。

"小王，都两个月了，这笔账怎么还没调过来？"财务总监不知什么时候站在了王芳的面前。

"调账非常麻烦，能否下个月再调？再说也不影响业务。"这时候王芳正忙得热火朝天。听王芳这么说，总监很不高兴，批评了王芳几句。在众目睽睽之下，王芳一时下不来台，拎着包就冲出了办公室。之后，王芳觉得自己做得有些不妥，从第二天开始，每天早早就来到办公室，连着加了几天班，将所有的账重新调整了一遍，完全没有时间去看书本。

考试没过，王芳郁闷不已，并对财务总监有一些不满。这天下午，总监将王芳叫进办公室，对她说："快到年底了，大家都非常忙，你怎么总是打不起精神呢？"王芳脸上明显写着不快，"没精神怎么了？我工作不是一向都做得挺好。"心情不好的王芳，倔脾气又上来了……

"人非圣贤，孰能无过"。当你因犯错而遭到上司的呵斥或批评时，不要觉得丢脸，更不能因此怀恨在心；而应端正心态，将上司的训斥视为对自己的培养与教育。如果你能够耐心地听他把话说完，再吸其精华弃其糟粕，那这次批评对你来说就是一剂良药。同时，还要展现出诚恳的态度，及时查找失误的原因，吸取教训，不断改进工作方法，以避免再犯类似错误。这是正确对待批评的基本原则，它体现了下属对上司的尊重、对工作认真负责的态度，以及敢于承认错误、纠正错误的精神。如果被批评之后，你不断地找借口辩解，上司对你的印象就会大打折扣。

作为下属，我们在面对上司批评时，要注意以下几个方面：

1. 不要急于辩解

上司批评你时，不要急于辩解，先静静地听他把话说完。尤其要注意自己的动作、表情，不要让他感觉到你不愿意继续听下去。正确的做法应该是直视对方的目光，身体稍微前倾，以表明你在认真地听取他的批评。等对方把话说完后，你再进行解释，或提出反对意见。

2.口头向上司承认错误

即使上司对你的批评没有道理，你也要在口头上肯定他的诚意。如果上司确实有诚意，你的态度会让他感到欣慰，他的态度也会渐渐缓和。如果上司有其他动机，你表现出来的礼貌和涵养会让他心虚，从而表现出不自然。这样，你还可以从对方的反应中分析他的批评是否出于善意。不要暗示对方他对你的批评是基于某种不为人知的企图，因为这样会让你们产生更深的对立。即使上司确实出于某种动机，他也有权利对你的某些行为提出异议。

3.让上司将批评你的理由说清楚

当上司批评你的时候，你应积极地促使上司说出他的理由，这种方法有利于你了解真相，从而找到解决问题的方法。有些上司在提出批评时，不能做到就事论事，而是使用一些含糊其辞的言语。这时要让他将要说的话彻底说完，这样对方在说话过程中自然而然会流露出他真实的想法，你也因此能捕捉到事情的缘由。采用认真、低调、冷静的方法对待上司的批评，才不会损害你们之间的关系。

4.不要当面顶撞上司

上司不会无缘无故地批评下属，聪明的下属能善于利用批评，这也体现了对上司的尊重。即使是错误的批评，处理得好，坏事也会变成好事。上司会认为“此人虚心、没脾气”，可能会对你留下好印象；而如果你顶撞，虽然一时痛快，但你和上司的关系可能就会恶化。上司会认为你“批评不得”，因此得出“这人重用不得”的结论。

当面顶撞上司不仅会让上司失去面子，你自己也可能下不了台。如果你能在上司发火的时候给他些面子，大度一点儿，事后上司会感到不好意思。即使他不向你当面道歉，将来也可能会以其他方式对你进行补偿。

5. 受到批评不要过多解释

对于上司的批评，要忍耐，你大可不必百般申辩。挨批评只是使你在别人心中的印象有些损害，但如果你处理得当，上司可能会产生歉疚之情、感激之情。你不仅会得到补偿，甚至会获得更有利的结果。与你面子上的损失相比，哪头轻哪头重，显然是不言自明的。而要是你反复纠缠寸步不让，非要将事情搞个水落石出，上司可能会认为你气量狭窄、斤斤计较，怎能委你以重任呢？

总之，受批评是职场中难免的事。如果处理得当，既能有利于反省自我，又能获得提升、晋职的机会。

听话听音，读懂领导的潜台词

在职场打拼多年的人都有这样的经验：很多时候，领导并不会直截了当地表达自己的想法，他们有时嘴上说“这样做”，实际上却期待你“那样做”。也就是说，领导有时出于种种考虑，会用委婉暗示或曲折隐晦的方式将自己的要求说出来，因此，他们形之于语言的和内心期待的并不完全一致。这就要求你在平时深入观察，仔细揣摩，熟悉领导的行事风格，这样才能准确地理解领导的意图。否则，在具体执行过程中就可能出现重大偏差，甚至与领导的想法南辕北辙。

某公司老板认为对于现有职位，只要有更优秀的人才出现，就可以将原有岗位的人替换掉，以促进公司的快速发展。但是，公司人力资源部经理没有正确理解老板的意思，在诸多媒体上发布了除老板、人力资源部经理等少数职位外的所有重要岗位的招聘启事。

结果，这一举动不仅引发了公司管理层的动荡，还引起了外界的诸多猜测：××公司是不是出现什么问题了？为什么这么混乱？更严重的是，公司客户得知该公司如此大规模且缺乏战略规划地招人，误以为公司出现了危机，管理层集体跳槽，进而开始怀疑与该公司的合作是否应该继续……

幸运的是，公司老板及时发现了这个问题，并迅速予以纠正。可以说，这种招聘信息发布的时间越长，传播的范围越广，对企业的伤害就越大。因为一个健康发展的公司，不可能出现上述现象，而且一个合格的人力资源部经理也绝对不会做出这种损害企业利益的事情。

含蓄地表达自己的意图，是领导常用的工作方式之一。在职场中，我们一定要学会分辨领导所说的话的真正意思，如果听不懂领导话里的弦外之音，就贸然行事，很容易产生误解。因此，你要仔细地听领导所说的话，认真揣摩，分析表面之下隐藏的真实意图，而不要仅仅按照字面意思去理解。

纪伯伦曾说："如果你想了解一个人，不是去听他说出的话，而是要去听他没有说出的话。"一般来说，人们不会轻易将自己真实的意见和想法直接表达出来，但他们的情感或意见总会在言语表达中流露出来。如果你想要听懂他人的"弦外之音"，而且正确解读对方的真实想法，平时就要多训练自己的观察力和解读能力，不能太单纯、太容易相信他人所说的话，如此，才能制定出正确的说话策略，攻入对方的内心。

在与领导沟通时，我们不但要用耳朵去听，更要用头脑去思考，唯有如此，才能正确解读领导话中的信息，进而准确把握领导的真实想法，赢得领导的信任和好感。

赵雷很佩服和尊敬自己的老总，因为这家公司是老总白手起家做起来的。老总也很器重赵雷，认为他是一个人才，但是，作为员工的赵雷，还是会时不时地在私底下将自己的薪水和其他公司同等职位的人做比较，因为薪水相对较少，他经常会产生跳槽的想法。很快，老总不知如何得知了赵雷的想法，就找他聊天。事实上，由于他们是下属和直接领导的关系，两人经常沟通交流，但这次老总的表现却有些异样，于是赵雷决定仔细听听老总到底想说什么。

老总讲起了他的创业经历。老总说，他当年刚参加工作的时候年轻力壮，再加上是名牌大学毕业，所以公司领导很器重他。工作不到三年，领导不但给他涨了工资，还给他升了职。

可老总在一次偶然的机会中发现，在其他公司同职位的待遇要比公司高很多，于是萌生了跳槽的念头。于是，他暗地里四处给别的公司投简历，参加面试。

很快，他就收到了几家公司的录用通知。老总当时毫不犹豫地选择了辞职，去了一家他认为很不错的公司上班。他记得当时辞职的时候，他的上司看着他，摇了摇头，说了句话："年轻人，没耐性。"老总说，当时他正春风得意，根本没有去细想这句话的含义。

老总风风火火地去新公司上任了。年轻的老总想在公司搞个"三把火运动"，给自己树立威信。谁知，刚搞了两把火，就被同事集体上告到公司高层那里，说他"以权压人""公报私仇"等。接下来的事情自然很不愉快，后来公司高层以老总年轻、缺乏工作经验为由，将他降职了。老总说，当时他哪里受得了这个气，一怒之下就辞职了。

之后的老总又辗转了几家公司，可都是没干多长时间就辞职了。原因多种多样。有的公司觉得老总太年轻，还有的老总觉得自己屈才。直到这个时候，老总才开始认真思考那位国企领导说的“年轻人，没有耐性”这句话。

再后来，老总筹集了一笔资金，开始了自己的创业历程。其中的坎坷波折肯定是少不了的，但他一直牢记那位国企领导说的“年轻人，没有耐性”那句话，直到今天。

第二天，老总的邮箱里多了一封邮件，是赵雷发的，里面只有这样一句话：“人无论干什么都需要耐性，请领导放心，我会好好跟您干的。”

赵雷无疑是一个聪明的下属，在觉察到领导的异样后，他意识到领导不只是找他聊“创业历程”那么简单，所以他在倾听的过程中目的很明确：老总究竟想表达什么？老总邮箱里收到的那封邮件，就证明赵雷准确捕捉到了老总话语的核心。

正确地领会和理解领导的意图是一种能力。对于下属而言，如果具备了这种能力，往往能够更好地协助领导开展工作，使彼此间达成一种默契，从而实现更好的合作、提高效率。准确领会领导的意图，对我们个人来说无疑是大有益处的。它可以帮助我们将工作做得更好，让领导满意，从而展现自己的能力，体现自己的价值，有望获得更广阔的发展空间，取得更大的成就。

当然，我们必须认识到，揣摩领导的意图并非易事，需要长期的练习，才有可能与领导达成思想的默契。所以，若没有十成的把握，最好不要妄加判断。在领导吩咐做事或有所指示时，若听得不是十分明白，不妨再问得清楚些，不要因为顾忌面子而不好意思去问，只想当然地执行。否则，在具体执行过程中就可能出现重大偏差。如果与领导的想法完全背道而驰，那么麻烦的将是自己。

幽默地表达意见，领导更容易接受

幽默是一种智慧。幽默的人往往具备一种俯瞰尘世的洞察力，一种超然物外、笑对人生的豁达态度。

在职场中，我们时常需要向领导提出请求或表达见解。然而，有些人在表达自己的看法或者建议的时候，常常因语言表述不当，让领导产生不满，进而致使自己的看法或建议难以被采纳。其实，向领导提意见是一件极需要技巧的事情。在各种向领导表达看法的方法中，使用幽默的语言无疑较为可取。

有位公司经理，他的最大爱好就是给员工开会，而且每次会议都长达数小时，员工们怨声载道，他却乐此不疲。

一天晚上，经理又召集员工开会。3个小时过去了，会议还没结束。这时，一位中年女员工站起身来对经理说："经理，我想先走一步。"

"你干什么去，李玲？会还没有开完呢。"

"我得回家，我家有孩子要照顾。"

经理虽感无奈，但也勉强同意了。

半个小时后，一位年轻的女员工也站起身请求离开。

"你干什么去，王晶？你家里并没有孩子需要照顾呀。"

"经理，如果我总坐在这里开会，我家永远也不会有孩子的。"

此言一出，会场顿时响起一阵笑声。经理听后，也意识到会议开得确实有点长了，于是宣布会议暂时告一段落。

面对喜欢长篇大论的领导，下属既不能贸然打断，也不能用过于直白的言语来表达自己的想法。面对这样的困境，王晶就处理得不错，她用幽默的反讽暗示经理，让他意识到了自己的问题。这样一来，王晶既没有得罪经理，又使自己逃离了会议的苦海。

面对一件又一件恼人的事情，与其暴跳如雷，不如幽上一默轻松搞定；一针见血的真话，不一定非要板起面孔严肃地说教，轻松幽默地表达往往效果更好；恶语相向，朋友也会变仇敌，而幽默的提示则能博人一笑，引人深思。同样的道理，如果对领导有意见但又不好直接指出，那么使用幽默往往能委婉地传达自己的心声。

轻松幽默的语言，往往能引起领导感情上的愉悦；只要有可能，最好能把庄重严肃的话题用轻松幽默的形式说出来，这样对方更容易接受。

秦朝的优旃是一位著名的幽默大师。有一次，秦始皇打算大肆扩建御园并饲养珍禽异兽以供围猎享乐。这是一件劳民伤财的事，但大臣们谁也不敢贸然劝阻。这时，能言善辩的优旃挺身而出，他对秦始皇说："这个主意很好！珍禽异兽多，敌人就不敢来了。如果敌人从东方来了，只需下令让麋鹿用角将他们顶回去即可。"秦始皇听后忍俊不禁，并破例收回了成命。

优旃之所以能成功地说服秦始皇，主要是他运用了幽默的力量。优旃表面上赞同秦始皇的主意，而实际意思则是说如果按秦始皇的主意行事，国力会空虚，敌人会趁机进攻，而麋鹿是没有能力用角将他们顶回去的。这种正话反说的方式既保全了自己，又让秦始皇在笑声中醒悟，从而达到了说服的目的。

在给领导提意见时，如果能像事例中的优旃一样，将直言不讳的意见改为幽默的语言，那么我们不仅能表达自己的意见，而且能让领导在笑声中轻松接受。领导在接受你意见的同时，也会觉得你是一个幽默风趣的人，从而对你产生更多的好感。

让对方在笑声中醒悟，从而达到说服的目的，这不能不说是一种十分高明的沟通智慧。英国小说家毛姆在《人性的枷锁》中曾言：“身居高位之人，即使请你批评指正，他所真正要的还是赞美。”因为这是人性使然。因此，在给领导提意见时你需要含蓄、幽默、机智地让领导领悟。

传说汉武帝晚年时很希望自己长生不老。一天，他对侍臣说：“相书上说，一个人鼻子下面的‘人中’越长，寿命就越长；‘人中’长一寸，能活百岁。不知是真是假？”

东方朔听了这话，知道皇上又在做长生不老的梦了，脸上露出一丝讥讽的笑意。

皇上见状，面露不悦之色，喝道：“你怎么敢笑话我？”

东方朔脱下帽子，恭恭敬敬地回答：“我怎么敢笑话皇上？我是在笑彭祖的脸太难看了。”

汉武帝问：“你为什么笑彭祖？”

东方朔说：“据说彭祖活了八百岁，如果真像皇上刚才说的‘人中’长一寸，能活百岁，那么他的‘人中’有八寸长，脸岂不是有丈把长？”

汉武帝听了，也哈哈大笑起来。

东方朔是聪明的，他通过幽默地讥讽彭祖来暗指汉武帝的荒唐。面对东方朔这种巧妙的提意见的方式，汉武帝也得欣然接受。

幽默能创造一种快乐而友好的氛围来减轻身旁的烦恼。僵硬的表达会让领导感觉不舒服，而微笑和机智能平息怒火、缓解沮丧。幽默有助于更好地沟通和理解，它不仅能让快乐停留在你的身边，更重要的是，它还能让领导感到高兴。幽默感的确可以提高一个人受欢迎的程度。

幽默是人际沟通最佳的润滑剂。在说服中加入幽默，艰难的思想工作会变得轻松；在劝导中运用幽默，固执己见的人更可能接受你的意见。掌握了幽默这门艺术，当你与领导相处时你会发现，它可以在职场中助你与领导更好地沟通并发挥意想不到的作用。

不说替领导做决定的话

和领导沟通最重要的原则：避免代替领导做决定。因为领导才是最终的决策者。作为下属，你应摆正自己的位置，遇事多请教领导，并在征得领导同意的基础上，根据其工作习惯和时间安排来妥善处理各种事务。如果你不顾自己的角色，说出一些不符合自己职场身份的言论，可能会对你的职业前途造成不利影响。

“坏了！坏了！我怎么就没有想到呢？这家的产品，质量根本不合格，还是张经理公司的产品好。”放下电话，赵总就开始大声喊道，他狠狠地捶了一下桌子，“我怎么这么糊涂，还写信把张经理臭骂了一顿，说人家是骗子。这下完了。”

在一旁的秘书张莉听后，说：“是啊！我当时就劝你先冷静一下，想好了再写信，可您就是不听。”

“都怪我。当时想着那小子一定是在骗我，不然别人的产品怎么可能比他便宜那么多。你给我拨通张经理的电话，我要亲自给他道歉！”

这时，张莉笑着回答：“领导，不用了，那封信我根本没有寄出去。”

“没寄？”

“是的。”

听到张莉的回答，赵总如释重负地坐在了沙发上。过了一会儿，他突然问张莉："我那天不是让你寄了吗？"

"是的，但是当时我看您正在气头上，想着您可能会后悔，所以就把信压了下来。"张莉一边工作，一边笑着说。

"压了半个月？"

"是的，您一定没想到吧。"

此时，赵总的表情变得严肃起来："我是没想到。可是我让你寄信，你怎么可以压下来呢？那让你发给台湾客户的那几封信，你也压了吗？"

"那倒没有，我知道什么该发，什么不该发。"张莉露出得意的笑容。

没想到赵总突然从沙发上站起来，大声吼道："既然你什么都知道，那还要我干什么？在这里是你做主，还是我做主？"

张莉顿时愣住了，眼泪在眼眶里打转，她心里想："是我做错了吗？"

无论我们对自己的判断力有多大的把握，无论代替领导决定的事情有多微小，我们都不能忽视领导同意这一关键步骤。上例中的张莉擅自做主，没有将信寄出，尽管她的做法为公司避免了损失，但已经触犯了职场的规则。不问过领导就擅自行动，领导会认为你不尊重他，即使是芝麻大的小事。

作为下属，你可以给公司提出自己的建议，但是最终的决定权在领导的手中。不要说出不符合自己身份的话。重要的是做好本职工作，不要越级、越权处理事情。否则，大多数领导难免会耿耿于怀，认为你不尊重他的领导地位。

代替领导做决定是与领导相处的大忌。无论什么时候，只要领导没有授予你自主决定的权利，你都最好不要替他做任何决定，否则，最终难堪的将是你自己。

韩伟是公司里的一名主力干将。一天，领导将韩伟叫到办公室说："韩伟，你工作经验丰富，能力又强，这里有个新项目，你多盯一下。"领导给自己分配任务，是对自己的重视，韩伟心里着实高兴了一番。

这天，公司决定去附近的某个城市进行谈判。韩伟心里盘算：这么多人坐公交车太不方便，且时间长了人会累，很可能影响谈判效果；如果打车，至少需要三辆，费用太高；还是包一辆车好，既经济又实惠。

决定之后，韩伟并没有急于行动，毕竟在职场多年，他知道凡事应该向上司汇报。于是，他来到上司的办公室，先打了个招呼，然后详细分析了几个方案及其利弊。紧接着，他说："所以，我决定包一辆车去。"

汇报完后，韩伟突然发现上司的脸色不知道什么时候黑了下来。上司生硬地回答说："是吗？可是我认为你的几个方案都不好。你们还是买票坐长途车去吧！"

韩伟怎么也没想到，自己如此合情合理的建议竟然被上司否决了。

在这个案例中，韩伟凡事向领导汇报的意识是非常可贵的，他错就错在不应该说"我决定包一辆车去"，不应该替领导做决定。如果他对领导说"老板，现在有三个选择，各有利弊。我个人认为包车更好一些，但是您的经验更丰富，请您帮我做个决定好吗"，我想他的领导很可能会同意他的建议。

在职场中，聪明的下属永远不会代替领导做决定，而是让领导帮他做决定，总是主动向领导请示和汇报，征求领导的意见和看法，并将领导的意见融入工作中。这样既可以避免在工作中犯错，又可以赢得领导的欢心。

职场如战场，每一个下属都应该在自己的职责范围内说话。在讨论工作的时候，千万不要自以为是，和领导说出不该说的话。你应该牢记：领导是决策和命令的下达者。无论你对事情有多大把握，无论你替领导决定的事情多么微小，都不要忽视征得领导同意这一关键步骤。否则，当领导意识到自己该拍板的事情被下属越俎代庖，他心理上的排斥感和厌恶感足以毁掉你长期积累所换来的信任和认同。

留有余地，领导面前话不要说满

在职场中，有些人为了展现自己的能力，常常在领导面前"夸海口""打包票"，在事情尚未开始之前就将话说得满满的。一旦许下的承诺无法兑现，不仅损害了自己的脸面和声誉，更重要的是，还可能会影响自己的大好前程。

于洋在一家公司找了一份不错的工作，但刚出来打工的他仍在学习阶段。一次，办公室里的电脑出了点问题，领导让他打电话找电脑维修员过来。然而，于洋为了能在领导面前表现自己，就自告奋勇去修理电脑。结果，电脑不仅没修好，问题反而更严重了，他也因此受到了领导的责备。此后，领导对他失去了信任，许多重要的工作领导都不再交给他去做。于洋对此十分懊恼，郁闷了很长时间。

在这个例子中，于洋的本意是好的，但他过于逞强，没有认清自己的能力范围。所以，作为下属，在尝试新鲜事物时，千万要注意谨慎行事，不要弄巧成拙。如果某项任务确实超出了自己的能力范围，最好把丑话说在前头，为自己留条后路，这样即使出现问题，领导也不好意思责备你。

工作中，我们在对领导许下诺言时，是抱着一定要完成的决心的。但是，总有一些不确定的因素会干扰我们，导致工作不能如期完成。这并不是在为不能遵守承诺找借口，而是告诫我们不要把话说得太满，凡事要给自己留有余地。否则，一旦出现差错，不但领导会不满，自己也会觉得很难堪。

“初生牛犊不怕虎”，在为客户组织的策划会议上，两个新来策划公司不久的员工小王和小李，提交了一个独特的策划方案。这个方案打破常规，具有超前思维，得到了客户和公司领导的一致好评。看到自己的创意得到了赞赏，两人更加踌躇满志，更加激昂地阐述自己的想法，还强调他们的设计一旦推向市场一定会获得成功。

设计部经理当即要求小王和小李写一份详细的计划书，表示公司一定会认真考虑。此言一出，小王和小李欣喜若狂。作为刚进职场不久的新人，他们的策划能得到客户和公司的重视，是非常幸运的，这对于他们今后的事业无疑是一种强大的支撑。两人信誓旦旦地向客户保证，一定会拿出完美的产品设计方案来。

设计方案出来了，经过客户和公司领导审批后，公司决定将这个产品投入生产，并作为该公司下一季的主打产品进行推广。然而，新产品在制作的过程中频频出现问题，使得客户和公司上下都非常紧张。产品终于上市，市场反应却并不好，没有出现小王和小李预想中的火爆销售。事前对新产品过高的期望还造成了大量产品积压，直接影响了客户公司该阶段的销售业绩。

事后，当客户公司处理这个问题的时候，直接将责任归咎于曾经夸下海口的小王和小李，认为他们有意欺骗己方对他们的信任。小王和小李曾经夸下的海口，导致客户将全部责任归咎于他们，完全推卸了自己公司负责这次项目指挥和产品研发人员的责任，要求策划公司做出高额赔偿。

最后，策划公司为了小王和小李的“海口”付出了昂贵的代价，而他们二人也被辞退。

小王和小李的教训是深刻的。他们过分自信，在客户面前把话说得太满，堵死了自己的退路。其实，很多尴尬和困境都是由我们自己的不当言行造成的。因此，在工作中，我们要谨言慎行，不要轻易许下承诺。

一旦选择了不留余地的说话方式，就相当于走上了一条不能后退的路。这样的说话方式不但吃力不讨好，还容易得罪领导，使日后的工作很难进行。

小王在大学读书时就喜欢吹牛，同学们因此对他敬而远之。毕业后，他去了一家生物制品有限公司工作，仍然没改掉身上的毛病。工作三年后，由于理论功底扎实、技术娴熟，且来自名牌大学，领导提拔他做了部门主管。

成为部门主管后，领导暗中观察他的领导能力，发现他将部门管理得有条不紊，于是又给他升了一级，让他担任技术总监。

“五一”前夕，公司接的一个大项目马上就要交货了。领导十分重视这个项目，但按照当前的进度根本没法完成，便想通过技术改进提高产量。领导多次开会强调任务的紧迫性和重要性，并在会上问小王：“小王，公司技术这块你最熟悉，我提到的改进技术，能否在两个月内实现？”小王不假思索地说：“用不了两个月，研发部门一个月就能完成。您放心好了，这件事情包在我身上。”领导点头微笑着说道：“好！这件事情就由你全权负责吧。一个月后，我希望看到成果。”

这时，坐在小王旁边的研发部主任用胳膊肘捅了一下小王，低声说：“一个月哪行啊？”但小王没理会研发部主任的善意提醒，拍着胸脯做出了承诺。

一个月过去了，小王没有完成任务，领导当着全公司人的面对他进行了批评，并撤掉了他的技术总监职位。

当领导布置的任务时，我们不要在不了解的情况下轻易承诺。因为一旦发现自己无法胜任，领导对我们的评价就会大打折扣，认为我们是不负责任、不可靠的人。所以，当领导或他人委托我们做某事时，请一定不要不假思索地满口应承。就算抹不开面子，至少也要冷静一分钟，在大脑中转一个圈子，考虑这件事自己能不能办得到、办得好，将自己的能力、事情的难易程度以及客观条件结合起来统筹考虑，然后再做决定。

即使是我们熟悉的工作，也不要轻易地说“保证没问题”，而是应该用更谨慎的方式来表达自己的决心，如告诉领导我们会尽最大的努力完成这项工作，或者在没有意外的情况下一定准时完成。这样的说法既表明了我们的决心，又让领导明白工作中充满变数，从而对我们的工作有更合理的期望。这样，工作没有如期完成，领导也会正确地评估你的努力，进而肯定你的成绩；如果工作如期完成，领导一定会喜出望外，对你的评价也会随之提高。

如果领导布置的某项工作，因为制约因素很多，我们不能把握完成的时间，那么在说话时一定要给自己留有余地，如加上“在某某前提之下”这样的限制条件。这样，一旦遇到不可抗力的因素时，我们能够解释工作拖延的原因。这样既保护了自己，又让领导觉得我们是一个认真负责的人。

总之，在与领导沟通时，我们要学会说话留有空间，不把话说得太满、太绝对。时刻为自己留一些余地，这是一种明智的策略。

第八章

驾驭下属，领导能力就是说话能力

领导者下达命令的语言技巧

命令，是领导者对下属特定行动的要求或指示，其目的是让下属了解自己的意图。它不仅是一种沟通方式，更是领导者的考验。如果领导者无法让下属准确地明白自己的意图，就很难想象下属能圆满地完成工作。例如，有些领导者在给下属下达指示时，常使用一些含糊的用语，如“要尽快把这项工作完成”。“尽快”有多快？也许领导的意思是三天内完成，而员工可能认为一个星期内干完就已经是尽了全力。如此“语焉不详”的表达会使上下级之间产生不必要的误会：领导觉得员工不够努力，而员工则认为领导没有交代清楚，怨不得自己。领导者没有清晰地将命令传达给下属，导致下属不了解所要执行的具体要求，执行时必然会有折扣。可见，下属工作的好坏，在一定程度上与领导者下命令的方法有关。

某上司对秘书说：“帮我致电总行的张经理，约他下星期五到我的办公室来。”秘书小姐如言电约，但对方表示下星期五有重要会议，而且他两天后要到英国出差一星期，建议将约会改在致电后第二天。秘书想将张经理的话转告上司，但是上司连续两天都在休假，没有机会汇报。待上司上班时，秘书才将张经理的话复述，而此时张经理已身在英国；上司责怪秘书为何不早说，因为他找张经理，就是要商谈他到英国后需要相托的事。

秘书感到沮丧，因为在这件事中，她根本没有做错或遗漏任何步骤，问题在于上司的指令不明确，没有提及找张经理的具体目的，以致秘书在张经理提及去英国时，未能及时作出反应，建议张经理直接与领导联系。

在我们的实际工作中，常常出现工作命令不能有效执行的情况，这往往是因为一些领导者下达的工作命令不够明确，不能清晰地阐明工作的方向、目标、目的，以及工作的方法、手段和采取的措施等，所以达不到预期效果。

领导者命令不明确很容易导致下属事倍功半，甚至是无功而返。领导者只有下达明确的指令下属才能找准方向，顺利完成任务。因此，领导者在给下属下达命令时，应尽量做到清晰明确、无异议。

有一位企业管理者，因为得不到员工的协助而感到痛苦。他向前辈诉苦，前辈提醒他："你在下达命令时，是否明确地指出了命令的内容和目的呢？"经前辈的提醒，这位管理者突然醒悟，原来在这之前，他从未对员工说明命令的目的，比如，他常常会说"你抽时间把这份文件整理一下吧"或者"我觉得这个计划还有不妥当的地方"。

于是，他开始有意识地去改正自己的缺点。例如，他会说"这个资料要在下周举办的员工大会上用，所以，你必须在会议举行的前三天完成"或"这则招聘信息除了报纸上发布外，还可以刊登在求职杂志上，你要考虑到这一点，并且尽快将它做好。"这样的命令明显比以前的要清晰准确。从此，他与员工的合作变得非常愉快。

可见，只有当领导者下达的命令十分清楚明确时，下属才会士气提升且精力充沛。在下达命令时，领导者应做到：清晰、完整、简明和正确，尽可能地排除误解，确保传达渠道畅通无误。否则，在工作时，我们就会走弯路，浪费大量时间。

在下达命令时，领导者要注意以下几点：

1. 正确传达命令意图

在下达命令时，领导者要正确地传达命令，不要经常变更或下达过于抽象的命令。同时，不要为了证明自己的权威而下命令。

2. 大声地下达命令

以适当的音量下达命令，如果声音太小，可能会被员工误以为你所说的并不是一件重要的事。因此，你必须明确地表示，这是上司在正式向员工下达命令。

3. 指令叙述简要中肯

指令叙述得简要中肯，要强调结果而非方法。为了达到这个目的，可以采用任务式的命令。任务式的命令是告诉一个人你要他做什么和什么时候做，而不告诉他如何去做。如何做是留给他自己去思考的问题。这种命令方式为员工打开了调动他们的想象力、主观能动性和独创性的大门，不管你的策略是什么，都会将人引导到做事的最佳道路上。

4. 让下属复述你的命令

这条规则是绝对不可忽视的。如果你违反了这条规则，事情就会出问题。如果下属没有听明白你的命令，那你肯定无法得到希望的结果。所以，领导者应将这条规则作为硬性规定去执行。很显然，当你让一个人重复你的命令时，他可能会恼怒，认为你这是在质疑他的记忆力和理解力。你不用担心这个问题，有一个简单的解决办法，你只需说："你能重复一下我方才说的话吗？我想确认一下我是否有遗漏或者表述不当的地方。"这样，问题不就马上解决了吗？

5. 向下属发问

向下属提问，以确认他们是否听明白了你的命令。例如，你可以问："你怎么理解这个问题？""对于处理这件事，你有什么看法？"等。

6. 记下自己的命令

领导者往往工作很忙，如果下属很多，有时可能会忘记自己下达的命令。为了避免这种情况发生，领导者应该将自己下达的命令记录下来，包括下达的对象、内容、完成的标准以及反馈时间等。

总之，明确地下达命令可以提高时间效率，避免下属手忙脚乱，领导者应对命令进行有效地研究和合理地运用，使之成为管理中实现自我的权杖。

以理服人，让下属心服口服

在劝说下属时，领导者总期望下属能立即接受自己的观点，改弦更张，并称赞自己“一言点醒梦中人”。然而，现实却并非如此。下属的看法、想法、做法，不是一天形成的，因此，要下属改变看法，也绝非一日之功。即使下属当时表示心悦诚服，回去细想后，仍可能固执己见。所以，要彻底说服对方，还要通过事实，将道理讲得更透彻。

美国学者卡耐基曾经常租用纽约某旅馆的大礼堂办班授课。有一次，他正在筹备新的培训班时，突然接到旅馆的通知：租金将涨到原租金的3倍。这下可让卡耐基犯难了：通知早已发出，地址不可能更改。于是，他约见旅馆经理，心平气和地说：“要提高租金，这不怪你，因为你是经理，责任是多赢利。不过，我们应该认真核算一下，这样究竟是有利还是有弊。不错，你租给舞会、晚会，他们付的租金比我高，经济上更有利。但弊端是，我付不起那么高的租金，只能搬走，这意味着我的学员也将无法继续在这里听课。我每办一次培训班，都会吸引上千有文化、受过教育的中上层管理人员到你的旅馆来听课。这难道不是一种广告吗？事实上，你即使花几千元也可能无法邀请到这么多人来参观，而我却能够不花你一分钱就帮你请来了，难道你不觉得这是一笔非常合算、非常值得的交易吗？现在，请您认真考虑一下再给我答复。”最终，经理让步了。

在与经理的交谈中，卡耐基一没叫穷，二没责怪，反而先承认涨价是在情理之中，摆出了有利的一面，但接着他又摆出了涨价所造成的弊端的方面。由于他既说利又说弊，充分展现了自己的“无私”，完全为经理考虑，这样，他的建议就很容易被接受。他在摆出利弊两方面之后，并不直接给出结论——“弊大于利”或“利大于弊”，而是让对方自己去权衡，这又显得他从容大度，不咄咄逼人。

以理服人，既是说服人的最基本、最广泛使用的方法，也是说服行为的基本指导原则。要做到这一点，领导者应态度和蔼，对被说服者晓之以理，动之以情，逐步引导他们提高认识，辨清事实真相。当被说服者一时难以接受或思想转不过弯来时，切不可急躁，而应反复讲明道理，真正做到以理服人。

某企业因经营不善面临倒闭，工人不仅面临失业，就连应得的遣散费和拖欠的工资也拿不到。

工人们聚集在领导办公室的门口抗议，要求领导拿出解决的办法，情绪非常激动。

领导说：“工厂的现状你们都看在眼里。即使现在拍卖工厂，恐怕也没有人买。就算能卖掉，所得款项也廖廖无己。如果先还银行贷款，大家还是分文拿不到。”

“怎么办？把领导绑起来？把厂里的产品抢回家？把机器、厂房砸烂或烧掉，然后让公安局抓去坐牢？还是我们应该冷静处理？”

聪明的领导在一连串的问话后，接着说：“工厂是大家的，人人都是老板。我们组成专案委员会，将工厂按比例分给大家，大家都是股东，都是老板。少拿点薪水，努力工作，撑几个月看看。赚了，是大家的；赔了，再关门也不迟。你们想想，现在把工厂砸了，什么都得不到；不如自己当老板，继续做做看。”

领导在详细地分析了利害关系后，工人们觉得领导说的话有道理，于是听从了劝说，纷纷集资入股，重新干了起来。大家都把工厂的事当作自己的事来做，特别卖力。经过一段时间的经营，工厂竟然起死回生，扭亏为盈，不但还上了债务，工人们还分到了红利。

在这个例子中，领导的话句句都在告诉工人们要权衡利弊，考虑哪种选择更划算。所以，经过一番深思熟虑和权衡利弊后，工人们最终听从了领导的劝说，一场即将发生的危机就这样化解了。

因此，在说服对方时，要以理服人，使人口服心服。要通过摆事实、讲道理，使对方信服并赞同自己的观点和主张。同时，对问题产生的后果及利弊进行分析，循循善诱、有理有据地阐述，这样才能赢得对方的信任，最终达到解决问题的目的。

指责会伤人，批评需谨慎

在工作当中，每个人都难免出现错误疏漏，下属也不例外。这个时候就需要领导者对下属进行批评教育和纠正，达到不再犯的目的。但是批评的尺度和方法又必须掌握得当，不然效果就会适得其反。

詹姆斯是一位精明能干的经理，可是他有一个怪毛病，就是不准员工出半点差错，否则就大发雷霆。

有一次，他看到一份报告上有一个拼写错误，有人将“Believe”写成了“Beleive”。于是，雷霆大怒的詹姆斯将写错字的工程师叫到了办公室。

“你这个家伙连这么简单的错误都会犯？你到底是怎么读的博士学位？E怎么可能在I的前面？记住，I永远在E的前面。”詹姆斯的声音响彻整个走廊。

可是，没过几天，詹姆斯经理又发现了同样的拼写错误，而且是出自同一人之手。

这次，詹姆斯彻底被激怒了。他叫来了那个“屡教不改”的工程师，怒不可遏地冲他咆哮道：“噢！上帝怎么会给你长个脑袋？你的脑袋是干什么用的？你忘了我上次是怎么说的吗？”

工程师很平静，他恶狠狠地盯着詹姆斯说道：“你不是说I永远在E之前吗？”詹姆斯大声回答：“是。”

工程师二话不说，随手从桌上拿起一份文件，把上面的“Boeing”字样一笔勾去，写成了“Boieng”。

这个不愉快的结局，是詹姆斯经理缺乏批评技巧造成的 。如果他不那么气愤，而是采用心平气和的态度，可能就会很好地协调上下级的关系。由此可见，批评下属需要掌握一定的分寸、尺度和语言技巧。

外国有句谚语说：“关键不在于你说什么，而在于你怎么说。”对于领导者来说，批评是一项比较难以掌握的口才艺术。批评就像是在别人的身上动手术，稍有不慎，就会伤人。因此，为了收到比较好的批评效果，领导者在批评下属时一定要小心谨慎，避免陷入以下几个误区。

1.切忌恶语伤人

每个人都有自尊心，领导者批评下属应在平等的基础上进行。态度上的严厉并不等于言语上的恶毒。切记，只有无能的领导才恶语伤人。这种做法除了勾起一些不愉快的回忆外，于事无补，而且除了使被批评者寒心外，旁观的人也感到不舒服。同时，恰当的批评语言也透露出一个领导的心胸和修养。所以，批评下属时绝不可恶语相向、不分轻重。

2. 切忌揭人老底

批评要及时，要针对目前发生的问题进行指正，尽量不要提及过去的问题。有些人在批评时为了加强说服力，或为了证明对方当前的错误，便把心中积存的有关问题悉数抖搂出来，翻老账，这样做往往触动了别人最敏感的神经，让对方感到你一直暗地里注意收集他的问题，同他算总账，从而引起反感，产生对立情绪。

3. 切忌以势压人

批评要在平等的气氛中进行，这样批评才容易被接受。在批评中，无论是批评者还是被批评者，在人格上都是平等的。如果批评者摆出一副居高临下、盛气凌人的姿态，说不服就压服，动不动就说“就这么办了”，或采用一些“必须……否则……”等词语，会让对方产生逆反心理。最终形成对立。此外，还要注意不要羞辱对方、搞人身攻击、将批评作为泄私愤的手段。

4. 切忌责骂

责骂是最直接的批评方式，也是最愚蠢的。一些领导者误以为自己位高权重，便拍案叫骂，自觉威风八面。他们见下属跟自己谈话时战战兢兢，心中更感得意。然而，有句谚语是“当面怕你的人，背后一定恨你”，被骂的那些人，有的可能会为了报复暗地里做出对领导不利的事，心地善良的下属则可能会另谋出路。这导致公司的员工很少干得长久，人才也难以培养。

5. 切忌喋喋不休、没完没了

有效的批评往往能一针见血地指出问题的实质，使下属心悦诚服，而絮絮叨叨的指责却会增加下属的逆反心理，而且即使他能接受，也会因为你缺乏重点的语言而抓不住错误的症结。所以，如果下属能自我反省、承认错误，就不应太过苛求。

6. 切忌讽刺

在上级和下属之间运用讽刺是很容易出问题的，尤其是让人反感的讽刺，所以，若没有十分把握，最好不要冒险。比如，有的领导看到下属因工作不顺利而志气消沉时，会半带揶揄地说："这么优秀的人才也会有失败的时候啊。"或者说："为什么这么沮丧，失恋了吗？"听到这种话，有的人可能会付诸一笑，但较敏感的人就会说："别讽刺人好不好？"即使当面不说什么，心里也很反感。所以，讽刺是不能随便用的。口齿伶俐的领导尤其要注意，不要只顾卖弄口才，反而将下属得罪了。

7. 切忌就人论事

虽然错误与犯错误的人密不可分，但对事不对人的批评更容易被对方接受。在批评下属时，应专注于事情本身而非个人。"事"指具体的行为或事件，"人"指事件所涉及的自然人以及人的品格、个性等特质。谁都会做错事，做错了事并不代表他这个人如何如何。所以，在批评下属时，一定要针对事情本身，不要针对人，因为错的只是行为，而不是某个人。要客观地分析问题，实事求是，就事论事，让下属明白他是因做错了什么事情受到批评，从而避免"就人论事"的不当做法。

针对不同性格的员工，采取不同的沟通方法

有这样一个很有趣的故事：

一条船在海上航行时，突然遭遇了意外。船长命令大副去通知乘客弃船。大副去了很久，却悻悻而归。他说："他们都不愿意弃船，对不起，我实在没办法了。"

船长只好亲自到甲板上去。不一会儿，他便微笑着回来了。他对大副说："他们都跳下去了，我们也走吧！"

大副很惊讶，询问船长是怎么做到的。

船长说：“我首先对那个英国人说：‘作为绅士，您应该做出表率。’他就跳了下去。接着，我对法国人说：‘那样做既浪漫又潇洒。’于是，他也跳了下去。然后，我板着脸对德国人说：‘这是命令，你必须执行。’德国人也跳了下去。”

大副听了十分佩服，说道：“太妙了，船长，那美国人呢？”

船长回答：“我说：‘您已经投了保险，先生。’那人夹着皮包跳下了水。”

这个故事虽然可能并不是一件真实的事，但它却说明了一个道理——说话要因人而异，看碟下菜。领导者和员工进行沟通也是如此，要根据不同的员工采取不同的态度和方法，既要坚守原则，又要善于以柔克刚。

以下是员工常见的几种性格类型及相应的沟通方式。

1. 以自我为中心的员工

这类员工总是以自我为中心，不顾全大局，经常向领导提出不合理的要求，什么事情都先为自己考虑。与这类员工沟通，领导应尽量公平处事，将每个计划中每个人的责任与利益都说清楚，让他们知道该做什么，做了这些能得到什么。同时，要满足他们需求中的合理部分，并明确告知，他们应该得到的都已经给予了。对于他们不合理的要求，则要讲清不能满足的原因，同时对他们晓之以理，暗示他们不要因小失大。在条件允许的情况下，尽量做到仁至义尽，让他们觉得你已经很够意思了。

2. 自尊心强、敏感度高的员工

这类员工大多行为拘谨，喜欢埋头工作，一旦出了错就感到忐忑不安，不知如何是好。倘若被领导直接点名批评，他们会深受打击，自尊心受到很大伤害，在同事面前抬不起头来，工作积极性严重受挫。与这类员工沟通，说话不能太随意，更不能埋怨他们心眼儿小，而要多给他们积极的心理暗示，对他们的才干和长处表示欣赏，以逐渐弱化他们的防御心理，增强他们的安全感和自信心。当他们犯错误时，不可随意批评，而要考虑到他们的自尊心，使用较为委婉的措辞。同时，也要注意不要当着他们的面说其他员工的不是，以免他们怀疑是在背后挑他们的毛病。

3. 喜欢唠叨的员工

这类员工无论大事小事都喜欢向领导请示、汇报，说话冗长且抓不住重点。给这样的员工交代工作任务时，要说清楚具体要求，然后给他们相应的权力，让他们自己去处理，并给他们施加一定的压力，试着改变他的依赖心理。当他们唠叨时，不要轻易表态，这样他们感觉到自己的唠叨既得不到支持也得不到反对，久而久之，他们就不会再唠叨了。

4. 脾气易怒、喜欢挑事的员工

这类员工一感到自己受到不公平的待遇，就会找领导座谈，要求领导给自己一个公道的说法。这导致办公室火药味浓重，人际关系紧张，人们的工作情绪受到影响。与这类员工沟通时，试图压住他们的愤怒是徒劳的，对他们唐突地下“你总是和同事争吵”这样的评论，更容易引起他们的抵触情绪。正确的做法是，先让他们把要说的话说完，等他们发泄完冷静下来之后，再跟他们讲处理事情的方法，帮助他们纠正动辄发脾气的毛病。他们理解了其中的道理后，再遇到类似的事件时就会有意识地控制自己的情绪了。

5. 喜欢阿谀奉承的员工

这类员工常常溜须拍马，称赞领导，并附和领导所说的每一句话。与这类员工沟通，无须过于严肃地拒绝他们的奉承，但也不能任由他们随意夸张。当他们奉承时，可以淡淡地回应：“别夸张了。”倘若他们再三附和自己的计划，领导可以说：“你最好给自己留一点时间，考虑新的计划和建议，下次开会时每个人都要谈自己的意见。”如此，他们便不敢也不好意思再做“应声虫”了。

6. 自以为怀才不遇的员工

这类员工常常感叹英雄无用武之地，因此郁郁寡欢、情绪低落。与这类员工沟通时，千万不要跟他们唱对台戏，冷嘲热讽地说：“你以为自己是谁啊？别总以为自己了不起。”这样的语言只会让他们更加感到不被重用而心生怨恨。正确的沟通方法是表达对他们的积极期待：“这个项目可全靠你了”“凭你的能力，相信你会有更加出色的表现”。当他们感到自己被重视的时候，他们的才干和工作积极性就很容易被激发出来。

7. 急于求成、急功近利的员工

这类员工为了个人利益很少顾及他人的感受，容易导致人际关系紧张。与这类员工沟通时切忌批评他们的想法不切实际，因为他们可能会认为是在故意刁难他们或打击他们的积极性。我们应该首先肯定他们的工作热情，然后再向他们具体讲述欲速则不达的道理，这样他们更容易接受。

8. 性格耿直的员工

这类员工说话直截了当，不拐弯抹角，直接提出问题的要害，容易给领导带来不必要的麻烦和困扰，也容易四处碰壁。与这类员工沟通时，不应对他们的直言不讳耿耿于怀，可以对他们工作中存在的不足直接提出批评，这样不会引起他们的心理不适。

9. “死板”的员工

这类员工往往我行我素，对人冷若冰霜，即使你对他们热情有加，他们也总是爱搭不理、不会做出你所期待的反应。与这类员工沟通时，不可以采取一种相应的冷淡态度来回应他们。相反，需要更大的耐心去揣摩他们的心理、寻找他们热心的话题，这样才能拉近与他们的心理距离。

10. 高傲的员工

对于这类清高自傲、目中无人的员工，领导可以冷静地和他们交谈，就事论事地提出批评，避免搬其他员工的“状词”来刺激他们，以免引发激烈的争执让交谈无果而终。当然，这类员工

“悔改”的进度可能会很慢，但先礼后兵的做法是值得赞赏的。

总之，每个员工都有自己的性格特点。一个优秀的领导者在与员工沟通时应尽可能地摸清他们的性格特点及心理状态，进行因人而异的沟通，这样才能消除彼此的隔阂和误会、解决矛盾与纠纷、保持心情舒畅。

以商量的口吻给员工下达命令

在职场中，很多上司或领导只是发号施令，自以为很权威，实际上并没有得到下属的认可，反而可能会扼杀下属的创造性和进取心。相反，如果以发问的方式布置工作，用商量的口吻下达任务，往往比简单地下命令有效得多。这样做可以激发下属提出一些不寻常的创见和有价值的建议，而且能让下属在平等友好的气氛中愉快而自愿地接受命令，并竭尽全力去完成任务。

有一个员工这样评价自己的上司：“他从来不直接以命令的口气来指挥他人。每次，他总是先将自己的想法讲给对方听，然后问道：‘你觉得这样做合适吗？’当他在口授一封信之后，经常会问：‘你认为这封信如何？’如果他觉得助手起草的文件需要修改，就会用一种征询、商量的语气说：‘也许我们将这句话这样改，会更好一些。’他总是给予下属自己动手的机会，从不告诉下属该如何做事。他让他们自己去做，让他们在自己的错误中去学习、去提高。”

可以想象，在这样的领导者身边工作，会让人感到多么轻松愉快。事实证明，领导者用商量的语气和自己的下属交流比用命令的语气更能取得良好的效果。因为这种方式能维护下属的自尊，让他们感受到自己的重要性，从而愿意与你合作，并且能快速、有效地完成。

在下达命令之前是否和下属商量，是否征求了他们的意见，对于下属来说是两种完全不同的感受。如果不与他们进行任何商量，直接下达命令和任务，下属就可能会觉得这是在为领导完成任务，即使有一定的积极性，也发挥不出自己的潜能。

但是，如果先同他们进行商量，征求他们的意见，就会让下属感受到领导对自己能力的信任和认可。如果下属的意见和领导的一致，或者更好，且工作是按照下属的意见来执行的，那么下属就会认为这是自己的主意，是在为自己工作，且做的结果关系到自己在领导心目中的形象，关系到他人对自己的看法，所以就必须做好。这样就可以充分发挥下属的积极性，使他们更好地完成任务。

约翰是一家小厂的高层管理者。有一次，一位商人送来一张大订单。可是，工厂的活已经安排满了，而订单上要求的完成时间，短得使他不太可能去接受。

然而，这是一笔大生意，机会太难得了。

约翰没有下达命令让工人们加班加点地干活来赶这份订单，他只召集了全体员工，向他们说明了具体的情况，并且向他们解释准时赶出这份订单对公司的重要意义。

“我们有什么办法能够完成这份订单？”

“有没有办法调整我们的工作时间和工作分配，来帮助完成？”

工人们提出了许多建议，并坚决要求接下这份订单。他们以一种“我们可以办到”的态度来迎接挑战，并最终如期出货。

这就是征求意见之后再给员工下达命令的好处。世界上几乎没有任何一个人真正地喜欢听从他人的命令，相反，大多数人更愿意他人征求自己的意见和建议，以协商的语气与自己交流。

这也许是人的共性。“你觉得这么做行吗？”“你是否能够尽快完成这项任务？”这样建议性的指令方式，不仅会使下属乐意听命于你，而且会让他们有一种被重视的感觉，从而更加认真地工作。

以商量的口吻下达命令，要求领导者要心平气和、平等待人，以关心、信任的心态对待下属，不能自视特殊、“好为人师”，也不能“连珠炮”似的连续发问，或中途打断下属的发言。应允许下属解释，发表不同的看法，对的要肯定，错的予以指出，在友好的氛围中，共同协商解决问题。

领导者主持会议的语言艺术

主持会议是每位领导都不可或缺的工作之一。会议是上下级交流的平台，是领导发出信息并接收反馈的渠道，也是实施管理的重要手段。因此，有效地主持会议，不仅体现了领导的说话水平，更是领导的一项基本技能。

有的领导者认为，会议只是一种形式而已，主持会议很容易。其实，这是一种误解。要真正主持好会议，充分调动与会者的积极性，并达到预期效果，需要把握好会议的每一个细节和环节。所以，对于任何一名领导者来讲，不断学习和提高主持会议的语言表达能力，树立特定的语言形象，是十分必要的。

1. 整理好会议的主题

无论开什么样的会议，都必须事先拟定好一项或几项议题，这是会议的核心和灵魂所在。会议主持人是会议的“舵手”，要随时把握会议的方向，层次要清晰，逻辑要严密，表达要准确，中心要突出。切不可主次不分、轻重不分、内容繁杂，使听者不知所云，无所适从。

2. 声音洪亮，语调丰富

领导者在会议上发言时，应确保自己说出的每一个字、每一句话都传达给与会者。声音洪亮，不仅指音量，还包括说话应该有力度，吐字清晰，节奏感强。这样的声音能展现出领导的自信与活力。领导发言时如果声音有气无力，语调平淡，就会显得缺乏生气。通过语调的变化，领导者可以表达出丰富的思想情感和观点，引发与会者在思想、情感上的共鸣，增强讲话的感染力、震撼力。在庄重、严肃的会议上，语调应平缓、稳重；而在欢快、轻松的会议上，语调则应轻快、自然。

3. 讲话要具有权威性

领导者一般是代表组织或企业讲话，其报告的内容重要、影响深远，往往成为与会者行为的规范和认识事物的指南，因此，讲话要具有权威性。在涉及深层次和关键性的问题时，应该做到声音洪亮、速度放慢、语气加重，以给与会者留下深刻的印象。如果讲话只是重复会议内容，不假思索地讲些空话、套话，就会使与会者感到你并不高明，不仅起不到应有的作用，还会影响领导者的形象和权威。

4. 讲话要通俗易懂

参加会议的人员知识层次不一，领导者主持会议时不能不看对象、不管效果，在讲话中大谈艰深难懂的东西。即使是政策性、专业性、学术性较强的会议，领导者也应使用朴实无华、浅显易懂的语言来表达深刻的内容，将深奥的道理浅显化。通俗易懂的语言不但让人听得轻松，还会给人亲切朴实、平易近人的感觉，拉近主持者同与会者的距离。

5. 经常进行简短概括

简短概括如同比赛场上的记分牌更新，能让与会者把握会议的节奏。同时，它也有助于澄清分歧点，引起与会者注意。主持人的简短概括应在半分钟内完成。虽然及时地概括和评论占用一些时间，但不会影响会议的进程。相反，通过简短概括，主持人能为与会者树立珍惜时间的榜样，并推动讨论向制定正确的解决方案挺进。

6. 讲话应准确生动

作为会议主持者，领导者身处与与会者面对面的语言表达环境中，除传达文件外，通常不宜照本宣科地宣读书面文稿。因此，如果讲话不分场合、不合身份或政策精神把握不准，就会言不达意。领导者应如实、恰如其分地反映客观事物的实际情况，用简洁、精练的语言，给人以启迪和鼓舞。

7. 善于调动听众情绪

针对不同的会议，将听众的情绪调动起来，刺激听众的兴奋点和注意力，是领导者主持会议时充分发挥语言艺术特色的重要课题。领导者应根据会议的性质和氛围，灵活运用不同的语言色彩。譬如，在庄严的会议上，语言应严肃、规范；在欢庆会上，语言则应热烈、喜庆；在工作部署会上，语言应清晰、准确、明快；而在动员、誓师会上，语言则必须富有鼓舞性，以激发人们的决心、信心、干劲和勇气……总之，语言应与会议类型、氛围保持一致。

8. 善于打破会议上的沉默

领导者在主持会议的时候，应能顺利打开局面，打破会场上的沉默，引导会议朝预想的方向发展。这要求领导者具备较高的认识水平和良好的思维能力。领导者的水平并不仅仅体现在个人的权威和将自己的意图强加于人上，更体现在方法的灵活多变上。在会议上，领导者要善于发问，积极引导，使会场呈现出生动活泼、不拘谨的氛围，这样才有可能从多个角度和侧面发现问题、提出问题、分析问题和解决问题。

9. 做好会议的总结工作

会议总结是会议主持者对会议情况的归纳性陈述，是对会议的画龙点睛之笔，它关系到会议的成功与否以及会议质量的高低。领导者做会议总结发言，应尊重事实，一分为二地看问题，既要充分肯定成绩，又要指出不足之处，特别要对今后努力的方向和奋斗目标予以强调。总结应力求客观、符合实际，避免言过其实或随意夸大。会议的总结往往能起到提醒、强化下属意识的积极作用，所以，领导者必须要高度重视。

第九章

妙语生财，
把话说到客户的心里

货卖一张嘴，全凭舌上功

销售是一门沟通的艺术，而口才是销售人员梦想成功的基石。美国的“超级推销大王”弗兰克·贝特格总结30年推销生涯的经验，得出“交易的成功，往往是口才的产物”的结论。世界一流销售大师金克拉也说过：“说话的艺术很重要，它可以改变事态，让客户自己说服自己。”因此，我们不得不承认这样的事实：不会说话的人做不好销售，没有好口才就难以在销售领域取得优异成绩。

销售是一个靠嘴吃饭的行业，良好的业绩往往是“说”出来的。销售员的口才直接关系到销售员的业绩和生活质量。一个出色的销售员，往往最大的本领就是出色的说话能力，正所谓“一句话能够点石成金，两句话能使人心花怒放，三句话就能确保成交。”

刘易斯是美国德克萨斯州一家食品厂的老板，也是一个被众多保险推销员视为“很难对付”的老头。然而，推销员博尔特却凭借自己出众的口才，成功地向刘易斯推销了所在公司有史以来最大的一笔生意。那么，博尔特是如何做到的呢？让我们看看他们的对话。

博尔特：“刘易斯先生，您是否可以给我一点时间，为您讲一讲人寿保险呢？”

刘易斯：“我很忙，哪有时间跟你闲谈。再说了，跟我谈寿险也是在浪费你的时间。你都看到了，我已经63岁了，几年前我就停止购买保险了。现在，我的儿女都已经长大成人，能够好好地照顾自己，即便我有什么不测，他们也有钱过上舒适的生活。”

换了别的推销员，刘易斯这番合情合理的言辞，足以让他们心灰意冷，但博尔特可不会那么轻易放弃。他继续说："刘易斯先生，像您这样成功的人，除了事业和家庭，肯定还有些别的兴趣爱好，比如对医院、宗教、慈善事业的资助。您是否想过，在您百年之后，它们可能就无法正常运转了？"

看到刘易斯没有说话，博尔特意识到自己的话说到点子上了。于是，他趁热打铁地说下去："刘易斯先生，购买我们的寿险，无论您是否健在，您资助的事业都能得到持续的资金支持。7年后，假如您还在世的话，您每月将收到5000美元的支票，直到您去世。而如果您不幸离世，您所指定的慈善事业，将会继续收到我们的资助。"

听了博尔特的这一番话，刘易斯的眼睛忽然变得炯炯有神。刘易斯很快回应道："你说的听上去很不错。我现在正资助着3名传教士，这件事对我很重要。你刚才说如果我买了保险，那么即使我去世，这3名传教士仍能得到资助，对吗？如果是真的，那我总共要支付多少钱呢？"博尔特立刻将投保的详细资料给了刘易斯。最终，刘易斯购买了寿险。而且，在接下来的几年里，刘易斯还向博尔特介绍了不少客户。

通常，人们买保险是为了让自己和家人的生活有保障，而博尔特凭借出色的口才，发现了刘易斯自己都没意识到的另一种强烈需求——慈善事业。当博尔特帮助刘易斯找到了这一潜在的需求，并通过购买寿险来满足时，对于刘易斯而言，购买保险就成了主动而非被动的事了。所以，"货卖一张嘴，全凭舌上功"，想要轻松拿到订单，就要有良好的销售口才。

俗话说得好："买卖不成话不到，话语一到卖三俏。"对于销售人员来说，顺利地拓展客户、争取到推销的机会、在极短的时间内吸引客户的注意力、激发对方的兴趣、打开销售的局面并逐步激发客户的购买欲望，最终说服他们做出购买决定。口才的影响力贯穿销售工作的整个过程，而销售口才的好坏，也在销售工作的每一个环节中得到验证。因此，可以说，销售的成功在很大程度上归功于销售人员对口才的合理运用与发挥。

汤姆·霍普金斯被誉为“世界上最伟大的推销大师”之一，接受过他训练的学生在全球超过一千万人。

在一次接受报纸记者采访时，记者向他提出了一个具有挑战性的问题：如何将冰卖给爱斯基摩人。

于是，就有了下面这个脍炙人口的销售故事：

汤姆：“您好！爱斯基摩人。我叫汤姆·霍普金斯，在北极冰公司工作。我想向您介绍北极冰给您和您的家人带来的许多益处。”

爱斯基摩人：“这可真有趣。我听到过很多你们公司的好产品，但冰在我们这儿可不稀罕。它用不着花钱，到处都是，我们甚至就住在冰屋里。”

汤姆：“是的，先生。很多人对我们公司感兴趣，正是因为我们注重生活质量，而您显然也是一位很注重生活质量的人。你我都明白，价格与质量总是成正比的。您能解释一下为什么您现在使用的冰不花钱吗？”

爱斯基摩人：“很简单，因为这里到处都有冰。”

汤姆：“您说得非常正确。您使用的冰就在周围，无人看管，是这样吗？”

爱斯基摩人：“噢，是的。这种冰太多太多了。”

汤姆：“那么，先生，现在冰上有我们，您和我，还有那边正在冰上清理鱼内脏的邻居们。您看，北极熊正在冰面上重重地踩踏，而且，您看见水边企鹅留下的脏物了吗？请您想一想，这样的环境对冰块的质量会有什么影响呢？”

爱斯基摩人：“我宁愿不去想它。”

汤姆：“也许，这就是这里的冰不用花钱的原因……但能说它是经济合算的吗？”

爱斯基摩人：“对不起，我突然感觉不大舒服。”

汤姆：“我明白。如果您将这样的冰放入家人的饮料中，为了健康，您必须先消毒。那么，您打算如何消毒呢？”

爱斯基摩人：“煮沸吧，我想。”

汤姆：“是的，先生。煮过以后，您还能剩下什么呢？”

爱斯基摩人：“水。”

汤姆：“这样岂不是在浪费时间？说到时间，假如您愿意在我这份协议上签上您的名字，今天晚上您的家人就能享受到最爱喝的、既干净又卫生的北极冰块饮料。哦，对了，我很想知道，您的那些清理鱼内脏的邻居们，他们是否也愿意享受北极冰带来的好处呢？”

结果，爱斯基摩人购买了汤姆推销的冰。

将冰卖给爱斯基摩人，这看似是一个不可能完成的任务，但汤姆·霍普金斯却凭借出色的口才成功实现了。

销售实践反复证明，良好的口才是促使销售成功的一个关键前提。它能让陷入僵局的销售工作取得重大突破，让销售之路更加顺畅。

毫不夸张地说，一流销售大师的业绩，至少有一半是依靠口才创造的。只要你拥有成功销售的口才能力，你就有机会白手起家，成为亿万富翁。

说好开场白，一开口就吸引客户的注意力

“万事开头难”，销售员与客户的接触中，最难的就是开篇

的几句话，这几句话既要营造出良好的推销气氛，又要尽可能多地了解客户，洞察他们的内心世界，为后续的推销活动打下坚实基础。这实在是销售中的一大难点。正如推销专家戈德曼博士所说："在面对面的销售中，说好第一句话是十分重要的，顾客听第一句话比听以后的话要认真得多。"《华尔街日报》记者、哈佛大学客座教授尼德·尚曾自信地说："第一句话都不会说，怎么能了解对手呢，这样的傻事我可从来不干。"所以，每位销售员都应重视每一个开场白的设计，以确保销售工作顺利展开。

路易斯是一家交通公司的总裁，在他年轻的时候，由于成功地处理了公司的一项搬迁业务而青云直上。当时，他是该公司机车工厂的一名普通职员，在他的建议下，公司收购了一块地皮，准备用来建造一座办公大楼，而这块地皮上原来居住的一百多户居民，都得因此而举家搬迁。

但是，有一位土耳其老妇人却不愿意搬走，并带动多人共同抵制搬迁。

路易斯对公司说："如果这件事通过法律手段来解决，既费时又费钱，很不值得。如果用强硬的手段驱逐他们，我们将会树立许多敌人，即使大楼建成，我们也得不到安宁。这件事还是交给我去处理吧！"

这一天，路易斯找到这位土耳其老妇人时，她正坐在房前的石阶上。路易斯故意在老妇人面前忧郁地走来走去，以引起她的注意。果然，老妇人开口说话了："年轻人，你有什么烦恼？"

路易斯走上前去。他没有直接回答老妇人的问题，而是说："您坐在这里无所事事，真是太可惜了。我听说您具有非凡的领导才能，完全可以成就一番大事。现在这里即将建造一座新大楼，您何不劝劝您的老邻居们，让他们找一个更安乐的地方居住呢？这样，大家都会感激您的。"

路易斯这几句看似平平无奇的话，却深深地打动了老妇人的心。不久，她就变成了全城最忙碌的人，到处寻找合适的住房，指挥邻居们搬迁。而公司在搬迁过程中，仅花费了原来预算资金的一半。

销售心理学分析认为，与客户接触的前30秒是吸引其注意力的最佳时间。如果销售人员能够在这30秒内完全吸引客户的注意力，那么后续的销售过程将会变得轻松自如，销售人员也能更好地控制整个局面。所以，销售人员应该设计一个独特且吸引人的开场白，以便在短短几秒钟内将客户的注意力全部吸引到自己身上，专心聆听产品介绍。

销售人员："中午好，和总，现在方便接电话吗？"

客户："方便，哪位？"

销售人员："我是东方人才的小张，有件事情想和您说，又怕您怪我唐突。不过我还是鼓起勇气，给您打了这个电话！"

客户："什么事？"

销售人员："和总，昨天我'偷'了您一样东西！"

客户："嗯？！你偷了我什么？"

销售人员："我'偷'走了您的智慧！"

（非常有创意的开场白）

客户："是吗？我们之前又没有见过，你是怎么偷走我的智慧的？"

销售人员："昨天，我在报纸上看到了对您的专访，您分享的三大成功秘诀让我受益匪浅，我觉得这些秘诀至少能让我少走五年弯路！"

客户："谢谢，小女孩还挺会说话的！过奖了！"

销售人员："不过，您说的三点中，有一点我琢磨不透，可以请教一下您吗？"

（此时，客户往往会因为被崇拜而乐于解答）

客户：“哪一点不明白？”

销售人员：“您说成功的关键在于组建一个优秀的团队……”

（进入下一销售阶段）

从上述例子可以看出，一个精彩的开场白能够给客户留下深刻的印象，为后续的推销工作奠定良好的基础，从而大大提高推销的成功率。很多有经验的销售员在每次拜访客户前，都会花费大量时间来考虑如何说出一番精彩的开场白。

无数事实表明，开场白的好坏，往往能决定销售的成败。换句话说，一个好的开场白就是销售成功的一半。许多客户在听销售人员说的第一句话时要比听后面的话更加专注，听完第一句话后，大多数客户就会自觉或不自觉地决定是尽快结束对话还是继续深入交流。因此，销售人员必须精心准备开场白，迅速吸引客户的注意力，并确保销售顺利进行下去。

虚心请教，迅速赢得客户好感

真诚地请教对方，往往是打开交际大门的金钥匙。因为在某种程度上，请教就意味着赞美和承认。

通常，人们都会向比自己高明的人请教。换句话说，就是当你向别人请教问题的时候，就意味着你在心理上认同被请教对象具有较高的地位，或者专业知识。这一点在销售工作中也同样适用。

刘铭是一名优秀的机器设备推销员，她曾多次拜访一位在大公司里负责公司采购的陈总。虽然她向陈总介绍了公司设备的性能及售后服务等优势，并赢得了陈总的认同，但陈总始终没有明确地表态，让刘铭难以捉摸。

久攻不下，刘铭决定改变策略。

刘铭："陈总，我已经拜访您好多次了，可以说，您已经非常了解我们公司设备的性能、售后服务以及价格。我知道您在销售界是前辈，我在您面前销售产品实在压力很大。我今天来，并非为了销售设备，而是恳请您指点迷津，告诉我哪些地方做得不好，以便我在日后的工作中加以改善。"

陈总："你做得很不错，人也很勤快，对设备的性能了解得也非常清楚，看你这么诚恳，我就给你透个底儿：我们计划全面更新工厂的设备，当然，所换的设备必须要比同行业的更高级，以提振员工的士气。但我们需要分期付款，而且可能需要延期。如果无法达成这样的条件，我们宁可不换。"

刘铭："陈总，您真是一位好老板，购买机器也以激励士气为出发点，今天我又学到了新东西。陈总，我给您推荐的机器是德国原装进口的，成本偏高。但如果陈总能一次购买10台，我一定尽力说服公司满足您的要求。"

陈总："喔！如果贵公司真有这样的诚意的话，我们一定会购买的！"

最终，刘铭与陈总签署了设备购买合同。

在这个案例中，推销员刘铭运用了请教的策略，赢得了订单。

每个人都渴望得到别人的重视与赞美，只是很多人将这种需要隐藏在内心深处。因此，只要你真诚地向对方请教，几乎没人会拒绝。在推销中这样的赞美方式将尤为有效。

很多客户都有好为人师的习惯，你的虚心好学正好满足了他们的教导欲。如果你表现得很有悟性学得快，他们就会视你为知己或同道中人，进一步加深对你的信任。

在销售过程中，虚心向客户求教是一个屡试不爽的方法。以谦逊的姿态向客户请教问题，可以满足客户好为人师的心理，这样的沟通方式往往能事半功倍，从而有利于销售目标的顺利实现。

一位专门负责销售装帧图案的销售人员，在向一家公司销售装帧图案时，这家公司的主管人员总是先看看草图，然后充满遗憾地告诉他："你的图案缺乏创新，我们不能用。"

一个偶然的机会，这位销售员从一本如何影响他人行为的心理学书籍中受到启发，决定改变策略。于是，他带着一些未完成的草图，再次找到那位主管说："我这里有一些未完成的草图，希望您能从百忙中抽空给我一些指点，以便我们根据您的意见进行修改完善。"主管欣然答应。

销售员根据主管的意见修改了草图，并再次拜访，最终，这批装帧图案全部销售给了这家公司。自此之后，销售员用同样的方法成功地销售出许多装帧图案，获得了丰厚的报酬。

这位销售员在谈成功经验时说："我以前一直无法成功，是因为我总是强迫别人接受我的想法。现在不同了，我主动请他们提供意见，让他们感觉自己参与了创造设计。这样，即使我不去推销，他们也会主动来买的。"

通常来说，人们不会拒绝一个虚心请教的人。如果销售人员能以客户擅长的问题进行请教，客户更会乐于解答，因为这给了他们一个很好地展示专长的机会。这种方法很容易拉近与客户之间的距离，有助于销售工作的顺利进行。

很多时候，请教就是一种赞美，会让客户产生满足感。这种满足感往往会使客户重新审视你推销的产品，从而提高购买的概率。

“三人行必有我师。”其实，每个人都有值得我们学习的地方。只要我们仔细地研究、认真地挖掘，并真心地请教，就能受益无穷。在销售中，虚心请教不仅是一种策略，更是一种智慧。

以诚待人，用真诚的言语打动客户

一个人张口说话，真诚是最基本也是最重要的要求。它代表着真实、诚恳、实事求是，没有一点虚假。一个说话真诚的人，往往能得到他人的信任，这在销售领域同样适用。

面对客户时，销售员首先应想到的是如何将自己的真诚融入与客户的每一次交谈之中，如何将自己的心意传递给客户。只有当客户感受到你的诚意时，他才会敞开心扉，接收你表达的内容，进而实现双方的沟通和共鸣。如果销售人员的话语中缺乏真诚，客户就会觉得你是在欺骗他，销售自然难以成功。

销售口才的魅力并不在于话语的华美或滔滔不绝，而在于能否真诚地表达。最优秀的销售员并不一定口若悬河，但一定真诚表达。当你用得体的话语展现出真诚时，你才可能赢得客户的信任，和他建立互信的沟通桥梁，他也因此可能因信赖你这个人而购买你的产品。

初入保险业时，贝斯以为自己的前途一片光明，因为他的指导员是科伦斯先生，这位先生40年来一直是公司的销售冠军。他的非凡之处在于，别人总是愿意信任他。人们总觉得：“他值得信赖，他对这门生意很熟，跟他合作不会吃亏。”贝斯第一次见他时就有了这样的体会，但当时并不完全明白其中的原因，这是后来才逐渐领悟到的。

有一笔生意，是在贝斯失去信心、准备退出保险行业时联系的。顾客很客气地跟他说：“你一个月后再来，那时可能会签合同。”贝斯已经有了一些经验，知道又没戏了，没有勇气再去，但不了了之又不妥。进退两难时，他决定向科伦斯先生求助。看到贝斯一脸倒霉气，科伦斯先生心有不忍，便答应陪他一起去拜访客户。出人意料的是，科伦斯先生轻轻松松就把生意谈妥了。他的示范让贝斯激动，也沾他的光，贝斯得到了259美元的佣金。不过，才几天，就传来坏消息，顾客因身体原因，合约要暂缓。贝斯向科伦斯先生请教：“我们该不该告诉顾客，这样做是不符合规定的？如果不告诉他，他不会知道的。”科伦斯先生很平静地说：“这样做肯定可以，但我们不能那么做，我们需要采用另一种方式，你还不明白其中的差别。”

于是，他带上贝斯立即去拜访顾客，陈明其中的利害，并对顾客说：“希望你能慎重考虑一下，因为我确信这份保险对你是有益的。”那位顾客大受感动，当即签了支票，交付了一年的保险费。在贝斯看来，科伦斯先生的示范胜过让他参加千百场演讲，因为他让贝斯明白了为什么别人总是信任他。科伦斯先生让贝斯真正领悟到什么叫真诚，看着科伦斯先生坦然的目光，你不能不信。

古人云："巧诈不如拙诚。"这句话的意思是投机取巧、蒙骗欺诈可能会获得暂时的利益，但是一旦被识破，只会带来更深的怀疑。而真诚坦率看起来有点笨拙，却能够深深地赢得人心。对于销售员来说，以诚待人是销售工作的基本态度。没有诚意的人无法获得他人信任。只有真诚的心才能够换回客户的真诚相待。

有些销售员向客户介绍产品时总是将产品说得完美无缺，"天上少有，地上无双"。然而，很多客户已经不再只听销售员的一面之词了，他们会通过私下考察、评估，再结合销售员的介绍，综合考虑，最后才做出是否购买的决定。因此，销售员在向客户推销时，应坚守"以诚为上"的原则，将商品的优点和缺点都介绍清楚，这样，销售员不仅能在客户心中留下良好的印象，还能使客户对销售员所推销的产品产生信赖，从而促成购买。反之，如果销售员在语言上不遵循"诚"的原则，就会失信于客户，不但达不到销售的目的，甚至还会影响个人的形象和声誉。

日本推销之神原一平曾说："我虽已超过古稀之年，但仍保持赤子之心，因为我认为赤子之心是推销的原动力。"他还说："推销员最需要的是真诚，真诚面对自己，真诚面对别人，这样才能赢得对方的敬重。至今，我每天仍坚持拜访客户。在与对方对坐之时，我尽力融入对方的世界，以展示强烈的吸引对方的魅力。上述种种行为的秘诀在哪里？其实全在于我内心永不消逝的率直、纯真与稚气。"

总之，真诚是销售人员最宝贵的财富，真诚是销售员人格的保证。销售员只有真诚待人、真心待客，才能赢得客户对自己的尊重和友谊，与他们建立信任和理解，从而推动销售工作的顺利完成。

激发好奇心，吸引客户的注意力

在销售过程中，如果你不能在最短的时间里用最有效的方法来吸引客户的注意力，那么你对客户说什么都是无效的。所以，与其你滔滔不绝地讲你的产品，说明你的产品具有怎样的价格优势，不如想想要怎样才能吸引客户的注意力。只有当客户将所有注意力放在你身上的时候，你才能够真正有效地开始你的销售。

心理学家认为，人的本性中蕴含着对未知的探索欲望，好奇心正是这种不满足心态的体现。在销售实践中，销售人员可以通过激发客户的好奇心来吸引他们的注意力。这样做的步骤是：首先，唤起客户的好奇心，引起客户的关注和兴趣；其次，寻找机会道明你的真实意图，并迅速进入面谈阶段。

寿险销售员："吴总，假如我这里有十公斤软木要卖掉，您愿意出多少钱？"

客户（惊讶地看着销售人员）："我不需要什么软木，所以没必要出钱。"

寿险销售员："好的，我再问您，如果您现在正坐在一艘即将下沉的小船上，生命危在旦夕，而我可以救您，但前提是您必须答应付我十万元酬金，您愿意答应吗？"

客户："这个嘛……呵呵，你怎么会问我这样的问题？"

这位寿险销售员在与客户谈话之初，并未急于向客户推销自己的寿险产品，而是问了一些与销售似乎无关、稀奇古怪的问题，这让客户感到非常意外，从而产生听下去的欲望。这位寿险销售员开场白的成功之处在于他能够精准把握客户的心理，即购买是建立在需求的基础上的。他向客户提出的第二个问题就是一个很好的铺垫，而且这样的问题能够完全吸引客户的注意力，可谓一箭双雕。

众所周知，好奇心的产生源于外界现象对大脑的刺激，外界现象使大脑的某些区域处于亢奋的状态，进而引发人对外界事物的关注。一些营销专家常将这种心理运用于营销策略中，并明确地指出激发客户好奇心的重要性，即谁能引起客户的好奇心，谁就有了成功推销的基础。

有一家酒店，门前摆了一只大酒桶，上面写着几个引人注目的大字："不许偷看！"酒桶周围没有围拦。

行人经过时，好奇心驱使他们停下来并上前去看个究竟。他们看后都哈哈大笑。

原来，桶里写着："我店有与众不同、清醇芳香的生啤酒，一杯5元，欢迎品尝。"一些大呼"上当"的人，酒瘾被勾起，就情不自禁地进店内品尝。品尝后，他们纷纷称赞口感不错，于是一传十、十传百，许多人都来此店一饱口福。

由此可见，巧妙利用顾客的好奇心理，吸引他们的眼球，往往能激发他们的购买欲望，带来销售的狂潮。

每个人都有好奇的天性，一旦心中产生疑问，就必须得探明究竟不可。在销售活动中，利用人们的好奇心理，采取以“奇”标新的独特方式引发他们的好奇感，是赢得顾客的一种招数，也是拉近与客户心理距离的有效策略。

一位从事服装销售的销售员，其目标是让自家服装进入某大型百货商场里卖。她做了很多努力，但都被商场的老板拒绝了。经过调查，她得知该商场的服装专场一直在销售另一家公司的货，主管认为没有必要再进别家的产品。

后来，销售员想出了一个办法。在又一次拜访中，她早早地来到主管的办公室外。见到主管后，销售员直截了当而又诚恳地问道：“您能挤出十分钟时间，就经营上的一个问题，给我提一点建议吗？”

销售员的话引起了主管的好奇心，于是主管将销售员请进了他的办公室，希望详谈一下。

销售员走进办公室后，马上拿出了一款新式领带给主管看，并请主管为其报一个公道的价格。主管仔细检查产品后给出了中肯的答复。

销售员看了一下墙上的钟，十分钟快要到了，便拿起自己的东西要走。可是，主管想再看看其他领带。销售员成功地在最短的时间内引起了对方的注意力，实现了预期目标！

最终，她的产品成功入驻这家百货商场。

出奇才能制胜。销售人员要多开动脑筋，利用人们的好奇心理，了解怎样才能吸引消费者的注意力，并刺激他们购买商品。

当然，要想利用客户的好奇心拉近彼此的距离，并促成销售，前提条件是产品质量必须过硬。否则，即便招数再奇特、新颖，也难以让劣质产品受到大家的欢迎。

总而言之，成功吸引客户的关键在于激发他们的好奇心。如果销售员能合理地利用这一心理机制，那么推销之路将更顺畅、成功。

巧妙提问，引导客户说出内心的需求

有句谚语说：“明智的提问比明智的回答更为困难。”提问的意义在于：它是一个引子，能够打开客户的思路，促进沟通的顺利进行。在销售中，恰到好处地使用“投石问路”的方法，可以为自己争取到更大的利益。

销售的秘诀在于找到客户内心最真实的想法。那么，如何挖掘客户这种深藏不露的真实想法呢？一个简单的方法就是提问。每一个提问都是一颗探路的石子，你问得越多，客户答得越多，暴露的信息就越多。这样，你就能一步一步化被动为主动，成功的可能性就越来越大。销售人员通过巧妙地运用提问技巧，就能让客户说出他们对购买产品或服务的犹豫之处及最大的顾虑。一旦客户向销售人员敞开心扉，销售人员就能真正了解客户拒绝购买的原因，并知道该如何妥善解决这些问题。

张涛所在的公司经营一款影印机，当他得知有机会与一家出版机构的经理会面后，他决心将公司的新型影印机销售给这家出版社。这款影印机不仅影印速度快，而且分页及校对功能也很出色。

当张涛驱车远道而来，到客户的停车场时，车上仅载着一台影印机。他认为不需要其他的型号，因为这就是他要卖给他们的型号。他已经下定决心：要让出版社购买它。

他不仅将这台机器束好绳带，还准备了一本精美的产品介绍的小册子，并精心设计了“台词”。

会面一开始，张涛就说：“陈先生，您好。您想要的影印机不仅能影印，同时还能分页及分类，对吗？”

出版机构的经理摇头说：“不，我们这里不需要分类。我们的附属公司有一个完备的印刷工厂，那里可以完成所有工作，包括你说的那些。而我这里所需要的，只是一台有高品质影印功能且操作简便的影印机。”

就这样，张涛的销售以失败告终。

我们仔细分析，上述例子中的张涛做了那么多准备，却唯独没有问客户的需求是什么，这正是他失败的原因。

事实证明，只有通过提问发现客户需求，迎合他们的心理，才能赢得订单。因此，销售人员必须提出针对性的问题，让客户有机会吐露自己心中的真实想法。这样，销售人员不仅能够透彻了解客户的问题，而且能够消除客户心中的疑虑。

中国有句古话：“善问者能过高山，不善问者迷于平原。”如果想使交谈愉快地进行，巧妙提问至关重要。巧妙的提问不仅能获得自己所需的信息，还能让对方心情愉悦；而不当的提问，常导致交谈失败。所以，销售高手会精心设计一系列的问题来引导客户的思考，从而达到销售的目的。

以下是一位服装销售员与顾客张先生的对话，你可以从中获得启发。

销售员：“张先生，您穿多大码的西装？”

……

销售员："张先生，想必您一定知道，以您的身材想找到一件合身的衣服，恐怕不容易，起码衣服的腰围就要做一些修改。请问您平时所穿的西装都是在哪儿买的？"

张先生："这两三年来，我的西服都是在海家买的。"

销售员："海家的品质和信誉确实不错。"

张先生："我很喜欢这个品牌的服装。但是，我工作实在太忙，很难抽出时间去挑选适合我的衣服。"

销售员："不瞒您说，我接待过很多顾客，他们也同样有这样的烦恼。要找到一套自己喜欢且适合自己身材的衣服确实不容易，再说，到处逛商店挑选衣服也是件累人的事。我们公司有4000多种布料和式样供您选择，我会根据您的喜好，为您挑出几种合适的料子。"

张先生："那实在是太好了！"

销售员："您平时穿的西装都是以什么价钱买的？"

张先生："一般都是2500元左右。您卖的西服多少钱？"

销售员："从1500到4000元都有。这其中有您所期望的价位。"

张先生："如果衣服有质量问题，售后服务怎么样？"

销售员："您放心！如果有质量问题，我们包退包换。我会竭尽所能地为每一位客户提供便利，让他们不出门就能买到所需的衣服。我每年会访问客户两次，了解他们的需求和困难。客户也可以随时找到我。我的服务非常周到，周到到让客户不好意思再找其他的厂商，而这也是我竭力服务客户的目的。张先生，您同意我的看法吗？"

张先生："当然，我同意您的看法。我最喜欢服务良好的厂商，但现在这样的厂商越来越少了。"

销售员："提到服务，本公司有一套很好的服务计划。

假如您的衣服有了破损、烧坏的情形，您只要打电话，我立即上门服务。”

张先生：“这样啊，我有一件海蓝色西装，是几年前买的，我很喜欢，但因为体重减轻，现在穿起来有点肥了。我想把这套西装修改小一点。”

销售员：“张先生，我希望您能给我业务上的支持。我将为您提供所需的一切服务，并期待与您建立长期的合作关系，永远为您服务。”

这位销售员与客户张先生交谈的过程中，通过有针对性的提问，了解了客户的需求，并清晰、准确地介绍了自己的产品，让客户确切地了解到自己推销的产品如何满足他的各种需求。因此，销售员详细地向客户提问，尽可能找出自己需要的、产品完全符合客户需求的各种信息，这是至关重要的。

销售是一门说服的艺术，但如果只有说，而没有问，销售工作就会走入一条死胡同。所以，恰当的时间提出恰当的问题，是一个优秀的销售员做出的明智之举。世界级销售培训大师伯恩·崔西曾说：“如果你能提问，就永远不要开口说。”正确的提问能吸引客户的注意，引发客户思考，使自己掌握主动权并取得销售的成功。所以，把说话的机会留给客户，并用恰当的提问引导客户说下去，是销售取得成功的关键所在。

第十章

把握尺度，
拿捏好说话的分寸

言多必失，只有慎言才能少祸

俗话说：“君子慎言，祸从口出。”在人际交往中，每说一句话之前，都要考虑一下你要说的话是否合适，不要口无遮拦，想说什么就说什么。人生的经验告诉我们：一定要管好自己的嘴巴，以防祸从口出。

让我们来看看下面这个笑话：

张三邀请甲、乙、丙、丁四位朋友来吃饭。乙、丙、丁三人如约而至，只有甲迟到。

张三一边看着手表，一边自言自语地说：“该来的怎么还不来？”乙听了很不高兴地问：“那么，我是不该来的啦？”说完，就气哼哼地走了。

张三连连叹气：“哎，不该走的又走了！”丙觉得张三弦外有音，暗想：既然乙不该走，那么是自己该走？于是他也不辞而别。

张三急了：“我又不是说他！”站在一旁的丁再也忍不住，心想：既然不是说丙，那说的只能是我了。于是他也悄悄离开。

不久，甲来了，张三唉声叹气：“不该走的都走了。”甲听了暗想：原来是我该走，于是也拂袖而去。

最终客人全部离去，只留下不知所措的张三。

这个笑话告诉我们，说话之前，一定要思考，因为“说者无心，听者有意”，不要想说什么就说什么，否则可能把事情搞砸。

人与人之间的好感难能可贵。与人交流时，必须谨慎，否则一言失误，感情便会产生裂痕。

常言道：“直言贾祸。”又道：“三寸舌害六尺身。”皆是劝导人们说话要谨慎，不要出口太快，否则，自己什么时候被自己“不慎”的言语所害，都不知道。

早上，领导刚一进办公室，小李就发现领导的头发乌黑发亮。他想拍领导的马屁，就赞美道：“啊呀，主任今天用了什么法宝？头发特别亮，人也很精神，像换了个人似的。”领导有些尴尬，哈哈一笑，匆匆离去。过了一会儿，同事告诉小李，领导戴了假发套。下午，小李外出归来，见一个很成熟的男子来找办公室的小王，他误以为这个人是小王的父亲，就热情招呼。男子走后，他对小王说：“你爸虽然年龄大，但风度翩翩，难怪你这么漂亮。”小王脸红了：“那是我男朋友。”晚上，小李陪妻子探望住院的丈母娘，问寒问暖，丈母娘很高兴。丈母娘劝他们早点回家，第二天还要起早上班。小李想多陪会儿丈母娘，脱口而出：“上周带儿子去动物园看猴子都不止这么一会儿呢。”丈母娘闻言血压骤升，而小李却浑然不觉。

与人交谈时，口无遮拦很容易说错话，一旦失言，再想要补救是很难的。我们常说“三思而后行”，实际上，说话同样需“三思而后说”。嘴上应有个“把门”的，分清什么该说，什么不该说，否则，若因言行不慎让他人难堪，把事情搞糟，那就得不偿失。所以，说话时务必谨慎，切莫图一时痛快，不顾后果地随口就说，事后又追悔莫及。

得理也要让人，理直也需气和

“得理不让人，无理辩三分。”这是有些人的陋习。如果在生活中得理不饶人，将一件微不足道的小事复杂化，使对方陷入尴尬境地，势必导致人际关系恶化，给人留下固执己见、小肚鸡肠的不良印象。所以，对于一些鸡毛蒜皮的小事或非原则性的问题，得理也不妨饶人，如此既能化解矛盾又能促进人际关系的和谐。

一位男子在饭店请几个生意上的合作伙伴吃饭。原本大家都很高兴，可是服务员上菜时，一不小心将汤汁洒在了男子的裤子上。服务员见状，马上找来餐巾纸为男子清理，一边擦一边不停地说：“真是对不起，我不是故意的，实在是因为不小心才出了这样的错误，请您原谅。”然而，男子并没有消气，反而更加大声地斥责：“一个服务员，连上菜都不会吗？我的裤子和鞋子都是很贵的。你怎么这么不小心！”

服务员只好连连赔不是，可是这位男子却非要找经理算账，引得整个饭店的顾客都投来异样的眼光。

这时，他的合作伙伴说：“谁都会犯错误，服务员也不是故意的，你何必这样不依不饶呢？况且每个人都有尊严，就算他把你的裤子和鞋子弄脏了，你也不该用那样的话去批评他。我本来还想和你继续合作，但现在看来，没有这个必要了。我认为，心胸狭窄的人，也不是一个可靠的生意合作伙伴。”说完，这位朋友起身离开了。

因为别人的一次小失误，就失去了一单生意，实在是得不偿失。

有句俗话说得好："得饶人处且饶人。"在有理的时候，不应咄咄逼人，抓着别人的过错不放，批评也应为对方留一点余地，掌握说话的分寸。与人争辩时，以严密的逻辑将对方驳倒固然令人高兴，但也没必要将对方批驳得体无完肤。就像下棋一样，赢一个子是赢，赢一百个子也是赢，只要能赢就好，何必让对方满盘皆输、颜面扫地？因为大多数人都爱面子，给对方留有余地，实际上是为了缓和彼此间的冲突，为回旋留下空间，也为自己留一个台阶。如果你将他逼入绝境，他别无选择，只能与你死战到底。结果，双方剑拔弩张，最终两败俱伤。这并不是我们与人交谈的初衷。

在纷繁复杂的社会活动中，谁能保证自己不会与他人发生争执？谁又能保证自己事事、处处都占理？只要没有根本的利害冲突，即便自己占理，也应让人三分，见好就收。这不仅可以化解矛盾，还能够加深彼此的理解、增进友谊，对建立和谐的人际关系起到促进作用。所以，"得理让人"不失为一种成功的处世方式。

一位高僧受邀参加素宴。席间，他发现在满桌精致的素食中，有一盘菜里竟然有一块猪肉。高僧的随从徒弟故意用筷子把肉翻出来，想让主人看到。没想到，高僧却立刻用自己的筷子把肉掩盖起来。过了一会儿，徒弟又把猪肉翻出来，高僧再度把肉遮盖起来，并在徒弟的耳畔轻声说："如果你再把肉翻出来，我就把它吃掉！"徒弟听后再也不敢把肉翻出来了。

宴后，高僧辞别了主人。归途中，徒弟不解地问："师父，刚才那厨子明明知道我们不吃荤，为什么还把猪肉放到素菜中？徒弟只是想让主人知道，惩罚惩罚他。”

高僧说：“每个人都会犯错，无论是有心还是无心。如果让主人看到菜中的猪肉，盛怒之下，他很有可能当众惩罚厨师，甚至辞退他。这都不是我愿意看到的，所以我宁愿把肉吃下去。”

正所谓“做人留一线，日后好相见”。遇事宽容、大度一些，尤其是在得理的情况下，不要揪住别人不放。为彼此保留一个面子，以理相让，消除与对方的隔阂，最终往往会皆大欢喜。

俗话说：“冤家宜解不宜结，退一步海阔天空。”得理饶人并不是懦弱，而是坦诚地为别人打开一扇宽容的窗户，让对方可以轻松地透口气，同时也让自己有了更广阔的空间。毕竟，后退一步才能海阔天空。这样既能达到批评的效果，又能彰显我们做人的大度。所以，得理也让三分是一种做人做事的大智慧，谁能做到这一点，谁就能少些麻烦，多些顺畅。

不要打断他人说话

在与人交谈的时候，谁都喜欢当谈话的主角，谁都不喜欢别人乱插话。想象一下，当一个人正兴致勃勃地讲一件事，四周也围满了听得津津有味的听众时，你突然插嘴：“喂，这是在昨天新闻上看到的事吧？”无故被你打断，说话的那个人肯定不会对你有好感，而且其他人很可能也觉得你不懂事。

随意打断他人讲话，是极为失礼的行为。即使你认为自己有学问、有见识、有智慧，也应该在与人谈话的时候多听少说，这不仅是对他人的一种尊重，更体现了你的内在修养。

小王是个性格开朗的人，他非常喜欢音乐和电影，可是小王身边的朋友却很少。刚到了一个新的工作岗位，谦虚热情的小王很快得到了大家的喜欢。可是，渐渐的，大家都发现了小王的问题，开始疏远他。原来，小王在和人聊天时总喜欢打断别人。小王公司的领导也是电影和音乐的爱好者，甚至是个追星族。午间休息时，领导偶尔会聊起明星八卦，可才说了两句，小王立刻就打断了领导的话，说："哪里，我看网上不是这样讲的，明明就是……"领导见状转了话题。谁知，又被小王打断，结果变成了小王的独角戏。领导很生气，也觉得有些丢面子，后来没少给小王脸色看。

培根曾说："打断别人讲话、乱插嘴的人，甚至比发言者更令人讨厌。"那些不懂礼貌的人，总是在别人津津有味地谈着某件事情的时候，冷不丁地插进来，让人猝不及防，不得不中断讲话。他们不会预先告诉你，说他要插话了，而是直接打断将话题转移到自己感兴趣的方面，有时则抢着说出你的结论，以此炫耀自己。无论是哪种情况，都会让说话的人心生厌恶，因为随意打断他人说话，就是不懂得尊重他人。

一天，丹尼尔请了自己的朋友——一对美国夫妇、一位德国记者、一位中国朋友和一位波兰女士来家中共进晚餐。大家互相介绍、寒暄后，基本了解了彼此的姓名和工作。

晚餐开始，波兰女士开始逐个询问客人们的情况："对不起，你刚才说你是做什么工作的？"在座的人又一次介绍自己。她时常在别人还未讲完话时就插话："哦！这让我想起了……"然后，她滔滔不绝地讲起一段毫不相干的故事。礼貌的客人们耐心地听她讲述那些乏味的故事，而善于掌控局面的丹尼尔则不时地找借口接过话题，以便让其他人有机会讲话。

丹尼尔问美国朋友：“艾丽，听说你最近组织了一个慈善活动，为非洲儿童捐款。怎么样了？”“哦，那些可怜的非洲儿童，他们生活在我们难以想象的条件下……”波兰女士未等艾丽回答，又接上了话题。

“请喝酒，”丹尼尔又礼貌地找借口截住了波兰女士可能无休止的话，“克里斯多夫，你太太在柏林怎么样？”丹尼尔问德国记者。“她快生产了。”德国记者回答。

“哦，上帝呀，她一定要小心。当年我生宝宝的时候，遭遇了难产……”波兰女士又一次接过话题。这一次，她飞快地讲着，再也没有给丹尼尔插话的机会。客人们吃着美味的晚餐，听着那血淋淋的难产故事。很快，美国夫妇和中国朋友找借口帮忙清理餐桌，躲进了厨房不再出来，只剩下可怜的德国记者在全神贯注地倾听她那段惊心动魄的故事。

事后，丹尼尔说：“非常抱歉，今天晚上的谈话失控了。”美国夫妇说：“真是个让人难以忘怀的女人。”从此，这位波兰女士再也没有出现在丹尼尔的家庭晚宴上。

无论你多么渴望新的话题，多么想发表自己的见解，都不要打断说话者。你应默默地将想说的话记在心里，直到说话者结束讲话，再发表自己的见解。说话者最讨厌的就是别人打断他们的讲话，因为这样不仅打断了他们的思路，还让他们感受到你对他的不尊重。

不要无端地打断别人的谈话，即使需要插话，也要适时地插话。即使你没听懂对方说的话或是听漏了一两句，也最好别在对方讲话途中突然提问，可以等到他把话讲完再说：“很抱歉！刚才你说的中间有一两句是……吗？”如果你是在对方谈话中间打断，问：“等等，你刚才这句话能不能再重复一遍？”这样会让对方有一种被命令的感觉，显然，对你的印象就不会太好了。

不要急于插话，要想清楚自己要说什么、怎么插话、何时插话比较合适。即兴插话、语无伦次地乱说一通，会让对方很扫兴。只有把要插的话想好、说到位，对方才会信服。

任何人在讲话时都不希望被别人打断。如果你想让对方喜欢你、接纳你，就必须改掉随意打断他人说话的陋习。当想要打断别人时，我们要提醒自己“多给他一些表达的机会”。

你永远不会在争论中受益

在生活中，很多人喜欢争辩。往往因为一个问题、一个观点，他们争得脸红脖子粗，犹如针尖对麦芒。跳出争执的旋涡，我们不禁要问：真的有必要去争辩吗？很多事情，其实根本没有必要争辩。

争论或许会让你在口头上占据上风，但是即使赢了，实际上你也输了。为什么？如果你的胜利让对方的论点支离破碎，证明他一无是处，那又怎么样？你会感到洋洋得意，但对方呢？他会自感羞愧，自尊受损，对你的胜利心生怨恨。而且，一个人即使口头上认输，心里也未必服气。因此，真正赢得胜利的方法，不是争论，而是不要争论。

张玲伶牙俐齿，是辩论赛上的女状元，当她在台上口吐莲花般地辩论时，同学们无不为她的口才所折服。然而，在生活中，她却不受欢迎，因为她把辩论才能也用在了和同学的沟通中。

“不对，你的说法有误！”

“太可笑了，你怎么会这么认为！你的观点太落伍了！”

“我的想法是绝对正确的，你不用再跟我争了！”

……

每天，张玲都要为一些小事、一些看法与同学们争论不休，一副“你不投降，誓不罢休”的架势。同学们都有点害怕她了，她总能把轻松的聊天变成一场激烈的对抗。与她相处，总是让人提心吊胆，生怕一言不合就引发争执。张玲身边的朋友越来越少，没有人喜欢和一门随时可能喷火的“大炮”待在一起。

人有一个通病：无论有理没理，当自己的意见被别人直接反驳时，内心总会感到不痛快，甚至被激怒。心理学家指出，用争论的方法不能改变他人，只会引起反感；争论所引发的愤怒常常会导致人际关系恶化，而所争论的事物并不因此得到改善。所以，如果你不想树立对立情绪，而想搞好人际关系，那么请记住：尽量避免与他人争论。

争辩毫无意义。当人们面红耳赤地争辩时，往往会口不择言，不顾及是否会伤害对方。所以，遇到争论时，你最好能忍住不发作，用理智来抑制激动，这样才能使大事化小，小事化了。

有一天，某公司几个人冲进董事长的办公室，向他提出一项抗议。

为首的是一位部门经理，他脾气火爆，一开口就用难听的话咒骂董事长。而董事长却异常平静。他知道，此时任何解释都可能引发更激烈的争吵，这对坚持自己的决定很不利。于是，他一言不发，默默地听这些人叫嚷，任他们发泄怒气。直到这些人都说得筋疲力尽，他才用温和的口气问:“现在，你们感觉好些了吗？”

那位部门经理顿时脸红了，董事长平和而略带讥讽的态度让他觉得自己好像矮了一截。他觉得自己粗暴的指责根本站不住脚，而董事长可能根本没错。

随后，董事长开始向他解释自己为什么要做那项决定，且为什么不能更改。这位部门经理并没有完全听懂，但在心理上已经完全服从了董事长。

他回去报告交涉结果时，只是说:“伙计们，我忘了董事长具体说了什么，不过他是对的。”

在这场交锋中，董事长凭借他的自制力，打了一个胜仗。

人生在世，何必事事都要争辩，去赢取那无谓的胜利呢？然而，在这个喧嚣的社会里，有太多人愿意参与到这样无休止的争论中去，发表一些自以为是的观点。可结果呢？也许一辈子都没有结果。更重要的是，这样做对你毫无意义，你不但为自己树立了敌人，还对你的人生没有任何助益。正如本杰明·富兰克林所说的:“如果你老是争辩、反驳，也许偶尔能获胜；但那是空洞的胜利，因为你永远得不到对方的好感。”

是的，永远不要与他人进行无意义的争辩，那只会引起对方的反感。所以，当你要与他人争辩之前，不妨先考虑一下：我到底想要什么？是一个毫无意义的“表面胜利”，还是对方对自己的好感？

莫把晦涩当高深，说话要通俗易懂

通俗易懂地“说”或者把话“说”得通俗易懂，是提升说话质量的重要途径，也只有这样才能达到说话的目的。如果你说的话，别人都不能很好地理解或者记住，那么就不能起到应有的作用。

一天晚上，某书生被蝎子蜇了，他摇头晃脑地喊道：“贤妻，迅燃银灯，尔夫为毒虫所袭！”连说几遍，他妻子仍是一头雾水。疼痛难忍的书生只好叫道：“老婆，快点灯，蝎子咬到我啦！”

这一则笑话讽刺了那些咬文嚼字、不注重口语表达的人。在现实生活中，我们也会遇到类似的事情。表达不清楚，对方听不懂，就会产生沟通障碍。

有一个采购员被派去为办公大楼采购大批办公用品，结果在实际工作中遇到了一个从未想到的情况。首先让他大开眼界的是一位营销信件分报箱的营销员。这个采购员向他介绍了他们每天可能收到的信件的大概数量，并对信箱提出了一些要求。这位营销员听后脸上露出了自以为是的神气，他考虑片刻，便认定这个采购员最需要他们的CSI。

“什么是CSI？”采购员问。

“怎么？”营销员用凝滞的语调回答，其中还夹杂着几分悲叹，“这就是你们所需要的信箱。”

“它是纸板做的、金属做的，还是木头做的？”采购员继续问。

“哦，如果你们想用金属的，那就需要我们的FDX了，我们还可以为每一个FDX配两个NCO。”营销员回答。

“我们有些打印件的信封会相当的长。”采购员说明。

“那样的话，你们就需要用配有两个NCO的FDX转发普通信件，而用配有RIP的PLI转发打印件。”营销员说。

这时，采购员稍稍按捺了一下心中的怒火，“小伙子，你的话让我听起来十分荒唐。我要买的是办公用品，不是字母。如果你说的是希腊语、亚美尼亚语或英语，我们的翻译或许还能听出点门道，弄清楚你们产品的材料、规格、使用方法、容量、颜色和价格。”

“哦，”营销员开口说道，“我说的是我们产品的序号。”

最后，采购员费了九牛二虎之力，运用律师盘问当事人的技巧才慢慢从营销员嘴里搞明白各种信箱的规格、容量、材料、颜色和价格。

在沟通中，很多人也许因为习惯，也许因为想让别人觉得自己有才华，而过多地使用专业术语。但对于听者来说，他们听不懂你的意思，就很容易让沟通陷入僵局。所以，如果我们一定要说专业术语，可以用简单的话语进行转换，或者在专业术语后面加上解释，让人听得明明白白的，这样才能达到有效沟通的目的。这也是值得我们特别注意的一点。

在生活中，不同的人往往有不同的年龄、教育和文化背景，这就可能导致他们对相同的话产生不同的理解。另外，由于专业化分工不断深化，不同的人都有不同的“行话”和技术用语。如果你注意不到这种差别，以为自己说的话都能被其他人恰当地理解，就达不到有效沟通的目的。因此，我们应该选择人们易于理解的词汇，使信息更加清晰明确，让沟通更顺畅。

有一位冰箱维修员在向一位家庭主妇讲解为什么冰箱需要除霜的时候，是这样说的：

“冷冻的原理是这样的，蒸发器从冰箱内吸收热量，然后散发到冰箱外面。这时候，被吸出来的热量伴随着湿气，这些湿气会附着在蒸发器上，形成很厚的一层霜，导致蒸发器绝热，而且使马达频繁地工作来进行补偿。”

家庭主妇没听懂他的话。于是，冰箱维修员重新作了一番解释：

“蒸发器的作用，就好像吸风机一样，把冰箱里的热量都吸出去，使冰箱能够冷冻你的食物。你在打开冰箱的时候，一定会发现冰箱放肉的那一层上结有一层霜，这些霜就是结在蒸发器上的。霜越结越厚，就好像越来越厚的石棉一样，隔开了蒸发器和冰箱里面的空气，导致没有办法正常吸热。这样，冰箱的冷冻效果就会越来越差。这时，马达只有不停地运转才能保证冰箱里的温度，但是这会减少冰箱的使用寿命。为了使马达运转得慢一点，减轻冰箱的负担，我们必须想办法把这些霜除去。而如果在冰箱里装一个自动除霜器，就可以做到这一点了。”

这一次，家庭主妇听懂了。

通俗易懂的语言最容易被大众接受。无论你的话多么动听、内容多么重要，沟通最基本的原则是对方能听得懂你的话。所以，在与人沟通的过程中，我们要多用通俗化的语句，让对方听得懂。如果对方听不懂你的方言，你要尽量用普通话；对方不明白你讲的术语或名词时，要转换成对方熟悉、理解的语言。

总之，用对方听得懂的语言进行沟通，是沟通成功的保障。不要简单地认为所有的人都和自己的认识、看法、高度是一致的，对待不同的人，要采取不同的模式，用别人听得懂的语言进行沟通！

言简意赅，把话说到点子上

在人际交往中，你是否会有这样的感受：当你和一个人说话时，你总是觉得对方没有在听或听得一头雾水？这说明你说话没有说到点子上。只有把话说到关键处，说到位，这样对方才会感受到你说话的分量，才会对你所说的话有所反应和关注。

世界上最会说话的人不是滔滔不绝、口若悬河的雄辩之士，而是那些善于把话说到“点子”上的人。他们懂得用最简单的语言、在最短时间内把意思表达到位。

说话说到点子上，就是要言简意赅，即主题突出、准确、透彻、明了，力求“一针见血”“一语中的”。无论是想达到什么目的，说明什么问题，表扬或批评什么人和事，表达什么样的感情，要求别人做什么、不做什么，都要讲得清清楚楚、明明白白，不能让别人听了如坠入云雾中，丈二和尚摸不着头脑。

张芳是经理的秘书，她做事仔细、认真负责，但令经理头疼的是，张芳在汇报时总是滔滔不绝，一说就是大半天，但其实就几点内容。

这天，张芳来到经理的办公室，开口就说：“经理，今天您的日程安排很满。早上，您要和张总谈合作的事情，这个合同是……中午，您约了王总，要和他一起洽谈项目的事情，这个项目是……下午，您还要在员工大会上发言，是关于……”

张芳长篇大论说了大半天，却没发现经理的脸色已经变了。

经理不耐烦地打断她说：“你把这几件事情用备忘录的形式写好给我就行了，我时间有限，没那么多时间听你说了。”

张芳只好退出了办公室，心中一直纳闷为什么经理不愿听自己汇报日程安排的事情。

故事中的张芳其实犯了喋喋不休的毛病。经理每天事务繁忙，如果秘书在汇报工作时不会言简意赅地说明问题，只会引起经理的反感。

每个人的时间都是宝贵的，耐心也都是有限的。即使你想说明自己的情况，也要先将自己的意图简明扼要地说出来，让对方充分了解你对他有何要求，而不是一味地听你铺陈细节，最后才得出结论。所以，说话要尽量表达得精练、简洁，避免讲述其他的事情。

美国总统哈里·杜鲁门一生中最推崇简洁的语言，他曾说：“一个字能说明问题，就别用两个字”。简洁的语言使人愉快，让人喜欢、易于接受。说话冗长累赘，会使人茫然，让人厌烦，而你则也达不到目的。简洁明了的语言，一定会使你事半功倍。所以，在说话的时候，我们应追求用最凝练的话语来表达尽可能丰富的意思。

2000多年前，马其顿国王率领军队远征印度。时值盛夏，将士们口干舌燥。国王无奈，派人四处找水，结果只找来一杯水。国王高举水杯，对将士们喊到：“我们已经找到一杯水，有水就有水源。为了找到水源，前进吧！”说完，便将那杯珍贵的水倒在地上。将士们受到鼓舞，群情激奋，顽强地向前线冲去，最终夺取了战斗的胜利。

试想，倘若国王自己把水喝了，再发表一番冗长的训示，恐怕不会产生这么大的功效。抓住要点，长话短说，是赢得听众喜欢的一件法宝，也是一种说话的谋略。

“不言则已，言必有中。”事实上，说话的关键并不在于你用多么高深的长篇大论使对方崇拜自己，而在于你能将信息准确地传递到对方心中。即便语言朴实无华，只要你观点论述正确，表述有条不紊，那么你的谈话定能直通对方的心中。

有句话说得好：“吹笛要按到眼儿上，敲鼓要敲到点儿上。”会说话的人，往往能激发听者思想的火花。很多时候，话并不在于字数多少，而在于准确度与精确度。如果你能句句说到点子上、句句说到人心坎里，那么你的语言自然就会出彩。

古语云：“言不在多，达意则灵。”真正打动人心的语言往往不是长篇大论，而是那些简洁有力的话语。满嘴跑火车、词不达意，说得再多也无济于事，反而令人生厌。所以，我们在谈话时应遵循简洁的原则，甚至要“惜字如金”。